Kathy Bartalsky

KATHY – Im Schatten seiner Flügel

Sie verlor alles und gewann das Leben

Kathy Bartalsky

Kathy – im Schatten seiner Flügel

Sie verlor
alles
und
gewann
das Leben

Schulte & Gerth

Die amerikanische Originalausgabe erschien im Verlag
Moody Press, Chicago, Illinois
unter dem Titel „Soaring On Broken Wings".
© 1990 by Kathy Bartalsky
der deutschen Ausgabe 1998 Verlag Klaus Gerth, Asslar
Aus dem Amerikanischen übersetzt von Lothar Mack.
Redaktionelle Bearbeitung von Antje Balters.

Best.-Nr. 815 548
ISBN 3-89437-548-5
1. Auflage September 1998
2. Auflage Oktober 1998
3. Auflage 1999
Umschlaggestaltung: Michael Wenserit
Coverphoto: ZEFA
Satz: Die Feder GmbH, Wetzlar
Druck und Verarbeitung: Ebner Ulm
Printed in Germany

INHALT

Ein neues Leben	7
Steven Louis	15
Christina Joan	23
Ein kleiner Botschafter	33
Colby Matthew	43
Übergangen	51
Im Ungewissen	59
Bereit	65
Berufen	75
Afrika	83
Rätselhafte Katastrophe	95
Trauern mit und ohne Hoffnung	105
Getrennt	113
Eine neue Schöpfung	125
Befreit	137
Vor die Wahl gestellt	145
In Äthiopien	155
Fragen	163
Der letzte Flug	171
Ein Ende und ein Anfang	179

Ein neues Leben

Ich sprang durch die Luke und stürzte immer schneller der Erde entgegen. Ich schaute mich um nach Harold und Perry. Sie waren genau über mir. Ihre Umrisse zeichneten sich vor dem kleinen Sportflugzeug ab, das nun wieder ins Landegebiet zurückflog. Meine Fallgeschwindigkeit betrug jetzt schon etwa 200 Stundenkilometer, und ich brachte mich in eine stabile, horizontale Fluglage, in der ich auf die beiden anderen wartete. Das lange Ende meines Helmgurts, das ich eigentlich in den Helm hineingesteckt hatte, kam jetzt doch wieder heraus und klatschte mir durch die Stärke des Flugwindes rhythmisch gegen das Gesicht.

Perry kam bis auf etwa zwei Meter zu mir herunter und steuerte sachte auf mich zu. Wenige Sekunden später hatten wir einander erreicht und packten uns fest bei den Händen. Harold kam von links, packte unsere Handgelenke und neigte sich, um sich bei uns einzuhängen. Perry und ich ließen einander auf seiner Seite los, damit er unsere Hände ergreifen konnte. Wir lachten einander an. Dann neigte sich Harold ein weiteres Mal. Perry löste sich, wie wir es am Boden abgesprochen hatten und machte eine 180 Grad Drehung. Harold und ich packten rasch je eines seiner Beine. Sobald wir uns stabil und sicher zu dieser Figur zusammengeschlossen hatten, warf ich einen Blick auf den Höhenmesser an meinem Bauchgurt und stellte fest, daß wir noch etwa 12 Sekunden Zeit hatten, bis wir unsere Fallschirme öffnen mußten. Ich wandte mich ein wenig zu Harold, und wir ließen Perry los, der sofort im Sturzflug von uns wegtrieb. Eben wollte ich mich von Harold wegneigen, da zog er mich zu einem raschen Abschiedskuß zu sich heran. Ich kam von diesen

Typen nie schnell genug weg, um ihren „Luftflirts" zu entkommen.

Ich drehte mich um 180 Grad, damit der Abstand zwischen Harold und mir groß genug war, daß sich unsere Schirme sicher öffnen konnten. Im Sturzflug versuchte ich auszumachen, wo die beiden waren, und ich bemerkte Harold weit links von mir. Perry hing bereits unter seinem Fallschirm. Ich gab ein Handzeichen, daß ich jetzt öffnen würde. Harold erwiderte es, und gemeinsam zogen wir unsere kleinen Flugschirme aus den Taschen, warfen sie in die Luft und warteten auf den Ruck beim Aufgehen.

Darauf entfaltete sich mein Hauptschirm. Kraftvoll ging er auseinander und straffte die Gurte um meinen Körper angenehm fest. Ich sah, daß alle Kammern meines neuen schwarzroten rechteckigen Schirms geöffnet waren, also konnte ich sicher landen. Durch die verlangsamte Fallgeschwindigkeit hörte jetzt auch das ständige Peitschen meines Helmgurts auf. Entspannt genoß ich den Frieden um mich her.

Ich hatte eine großartige Sicht. Die stille Schönheit der Landschaft und das leise Flattern meines Fallschirms im Wind vor der Landung habe ich immer sehr genossen. Man kann dann kilometerweit sehen, und zwar aus der erhabenen Perspektive eines Vogels, der sich von Aufwinden emportragen läßt. So groß und herrlich die Erde dort unten auch aussah, so klein und unbedeutend erschien das Leben darauf; als würde es von einem viel umfassenderen Sinn oder Zweck geschluckt. Ich dachte daran, daß Gott ja alles weiß, daß er überall da ist und nichts in unserem Leben ihm verborgen ist. *Aber was hat er mit dieser Welt vor? Wie kann ich – ein Mensch, dessen Schicksal die Mittelmäßigkeit zu sein scheint – je in diesen Plan passen?*

Aber dann mußte ich mich auch schnell wieder der unmittelbaren Wirklichkeit zuwenden, speziell den Dingen direkt unter mir. Ich näherte mich jetzt doch ziemlich schnell dem Boden, also zog ich an meiner rechten Reißleine, damit ich dann in einem Abwind auf unser Zielgebiet zusteuern konnte. Gut siebzig Meter über dem Boden wendete ich ein weiteres Mal nach rechts auf den Rand des ausgewiesenen Platzes zu. Sobald ich mich darüber befand, drehte ich mich ein letztes Mal nach rechts, damit ich wieder Aufwind bekam und langsamer landen konnte. Die Luft war ruhig, und ich schätzte meine Fallgeschwindigkeit auf immer noch rasante fünfzig Stundenkilometer. Behutsam rückte ich das Lichtsignal meines Baldachins zurecht, damit es nicht auf dem Boden zerschellte. Schließlich, ich war keine drei Meter mehr in der Luft, riß ich kräftig an beiden Zugleinen. Auf diese Weise „stoppte" ich meinen Fallschirm für ein paar Sekunden, so daß ich im besten Fall wie auf einer unsichtbaren Treppe zu Boden steigen konnte (auch wenn mir diese Fähigkeit regelmäßig abhanden kam und ich halt doch mit einem Knie auf der Wiese aufschlug). Ich landete sicher und hatte einen weiteren erfolgreichen Sprung absolviert.

Wie sehr ich das Fallschirmspringen liebte! Und wie besorgt meine Mutter über diese Leidenschaft ihrer Tochter war! Sie konnte einfach nicht verstehen, warum ihre einzige Tochter etwas so komplett Verrücktes tun mußte. Ich war zwar erst 21, aber sie fragte sich ständig, wann ich wohl endlich ein wenig häuslicher werden und mich für Stickerei oder Kochen interessieren würde . . . oder fürs Heiraten. Nun, ich hatte andere Hobbys, und ich spielte zwar mit dem Gedanken ans Heiraten, aber ich liebte das Fallschirmspringen nun mal. Der freie Fall in der Luft und eine abenteuerliche Landung auf einer unmarkierten Kuhweide faszinierten mich.

Bei den ersten paar Sprüngen hatte ich Angst gehabt. Aber nach dem ersten Dutzend ohne irgendwelche nennenswerten Zwischenfälle wurde ich entspannter, und ich genoß mein neuerworbenes Können immer mehr. Ich kniete mich so in die Sache hinein, daß ich von der nationalen Fallschirmspringer-Vereinigung sogar die C-Lizenz für Fortgeschrittene erhielt.

Ich war damals bei der Marine und arbeitete als Assistentin des Kieferchirurgen im Krankenhaus des Cherry-Point-Stützpunktes in North Carolina. Durch meine Stellung bei der Armee hatte ich viele Vergünstigungen, und zu einer besonders denkwürdigen kam ich, nachdem ich zur zweiten Vorsitzenden des Cherry-Point-Fallschirmspringer-Vereins gewählt worden war.

In dieser Eigenschaft nahm ich an einer Diskussion darüber

teil, wie wir wohl am besten die Hubschrauber der dortigen Staffel für unsere Zwecke mit einsetzen konnten. Wenn wir die Genehmigung bekämen, mit einem Marinehubschrauber von Marine-Einrichtungen aus zu starten, dann konnten wir uns die zweistündige Fahrt in ziviles Landegebiet sparen. Die Männer im Vorstand gewährten mir als zweiter Vorsitzenden und einziger Frau im Verein das Vorrecht, bei der Hubschrauberstaffel um diese Unterstützung zu bitten. Das war ihrer Meinung nach äußerst erfolgversprechend, besonders für den Fall, daß mein Ansprechpartner vielleicht noch Junggeselle wäre. Dieses abgekartete Spiel ging also nicht auf eine „typisch weibliche Intrige" zurück, sondern auf die Köpfe gestandener Männer!

Ich traf dort auf einen Bekannten namens Joe Fryman, der Mannschaftsleiter der Hubschrauberstaffel war. Er half den Piloten unter anderem beim Starten und Landen sowie bei Such- und Rettungsaktionen. Er kannte alle Hubschrauberpiloten, und als ich ihm die Anliegen des Vorstandes erklärt hatte, nannte er mir als Kontaktperson einen gewissen Steve Bartalsky, einen von nur zwei Junggesellen unter den Piloten. Er prahlte sogar damit, daß Steve der beste Pilot der Staffel sei.

Steve war mit einem Treffen einverstanden, und so vereinbarten wir einen Termin in einem etwas heruntergekommenen Restaurant. Zu dem Treffen hatte er gleich noch drei Freunde als Begleitschutz mitgebracht, nur für den Fall, daß er sich vor einem harten Militärweib in Sicherheit bringen mußte, das zu allem Überfluß auch noch aus Flugzeugen sprang. Er hatte sich mich wohl als schweren Brocken mit grimmigem Blick und dem Gebaren eines waschechten Tintenfisches (der Spitzname fürs Personal, der „niedrigeren Lebensform" der Marine) vorgestellt.

Zugegeben, mein geistiges Bild von ihm war auch nicht unbedingt romantisch. Unser Treffen sollte direkt im Anschluß an seinen Kegelabend stattfinden! Er ist also nicht nur ein sturer Militärkopf, dachte ich bei mir, sondern darüber hinaus auch noch spießig!

Ich putzte mich trotzdem einigermaßen heraus und hoffte das Beste. Als Joe mich beim Betreten des Lokals bemerkte, kam er auf mich zu und führte mich an einen Tisch ganz hinten im Restaurant, wo Steve zusammen mit seinen Freunden saß. Er war sichtlich überrascht, als er mich sah, und plazierte seine Leute rasch noch so um, daß ich ihm direkt gegenüber saß. Ich fragte ihn, wie die Chancen stünden, daß unser Springerclub die Hubschrauber seiner Staffel wohl benutzen dürfte, aber es stellte sich bald heraus, daß er für diesen Bereich gar keine Befugnis hatte. Ich war enttäuscht und fragte mich, warum er sich dann überhaupt auf das Treffen eingelassen hatte. Er mußte doch schon im voraus gewußt haben, daß er mir nicht würde helfen können – dasselbe galt auch für seinen Freund Joe. Und plötzlich dämmerte mir, daß *ich* es war, die hinters Licht geführt worden war, denn als der Abend zu Ende ging, bat mich Steve um ein erstes Rendezvous.

Ein paar Tage später holte er mich abends zum Kino ab. Es wunderte mich nicht weiter, daß wir in den „Großen Santini" gingen. In welchen Film sollte ein hingebungsvoller Marineflieger auch sonst bei seiner ersten Verabredung mit einer neuen Freundin gehen? Trotzdem war es ein lustiger Abend, denn dank Steves lockerer Art konnte ich mich richtig entspannen. Bevor wir uns verabschiedeten, ließ er noch durchblicken, daß er mich gern wiedersehen würde. Ich konnte mir allerdings nicht vorstellen, welche Verrücktheit er sich wohl als nächstes ausdenken würde.

Die Antwort ließ nicht lange auf sich warten. Steve lud mich zum Offiziersball ein, und der war denn doch etwas eleganter und romantischer als „Der Große Santini". Ich trug ein pfirsichfarbenes Abendkleid, das ich einmal auf einer Hochzeit getragen hatte, und Steve präsentierte sich vor meiner Haustür in einer perfekten weißen Uniform mit Tressen und Orden, und er sah ausgesprochen gut aus. Er war ziemlich aufgeregt und ein wenig spät dran, aber es sollte ein bezaubernder Abend werden.

Es stellte sich bald schon heraus, daß Steve, ganz entgegen meinen Vorstellungen von einem Kegelbruder, gar nicht so langweilig und spießig war. Wenn er unter seinen Freunden war, blühte er richtig auf. Stolz stellte er mich seinen Vorgesetzten vor und bestand darauf, daß wir vor der Linse jeder vorhandenen Kamera für die Ewigkeit abgelichtet wurden.

Ich erfuhr von seinen Kameraden, daß er „der Schatten" genannt wurde; den Namen hatten ihm seine Freunde am College gegeben, weil er völlig lautlos und unbemerkt einen Raum betreten und wieder verlassen konnte. Seine Zimmergenossen hefteten schließlich einen Zettel an seine Tür mit der Überschrift: „Der Schatten ist: . . ." Steve brauchte das Kärtchen daneben dann nur auf die richtige Seite zu drehen: „. . . da" oder „. . . nicht da". Auf diese Weise konnten sie ihm auf den Fersen bleiben.

Steve war beliebt und hatte viele gute Freunde. Er stammte aus einer großen Familie, und weil sein Vater Bomberpilot bei der Luftwaffe gewesen war, war er in ganz unterschiedlichen Kulturkreisen aufgewachsen. Das hatte ihn tief geprägt und seine Sicht dafür erweitert, welche Rolle er auf dieser Welt spielen sollte. Zugleich hatte er dadurch gelernt, die Menschen so zu nehmen, wie sie waren. Auf der Hochschule machte er bezeichnenderweise seinen Abschluß in dem Fach „Internationale Beziehungen" und schlug dann die militärische Laufbahn ein.

Von seinem Vater hatte er die Leidenschaft für die Fliegerei geerbt. Eigentlich hatte er als Düsenjägerpilot in dessen Fußstapfen treten wollen, aber stattdessen wurde er zum Lehrgang für die Hubschrauberausbildung eingeteilt. Er begann es zu mögen, niedrig und langsam zu fliegen und vergaß dabei seinen Wunsch, über den Himmel zu rasen. Ich stellte fest, daß seine Haltung Menschen und dem Leben an sich gegenüber geprägt war von einer wunderbaren Festigkeit und Sanftheit. Er wirkte zwar auf Fremde zunächst immer sehr ruhig, aber er hatte sehr stabile Beziehungen zu seinen Freunden und stand zu seinen Überzeugungen.

Steve war 28 Jahre alt und damit sieben Jahre älter als ich, und man merkte uns den Altersunterschied an, was Reife und Erfahrung anging. Nichtsdestotrotz verliebten wir uns ineinander, und ein halbes Jahr später hielt er um meine Hand an. Wir mußten uns sehr schnell entscheiden, denn weitere sechs Monate später stand bei uns beiden die nächste Versetzung an. Steve hatte bereits seinen Stellungsbefehl für Hawaii bekommen; bei mir war abzusehen, daß ich zu einem Kurzeinsatz nach Europa gehen würde, wahrscheinlich nach Spanien oder

Italien, bevor dann in anderthalb Jahren meine Dienstzeit bei der Marine beendet sein würde.

Weil viele Soldaten gern nach Pearl Harbor auf Hawaii versetzt werden wollten, mußten wir meinen Kommandanten also davon überzeugen, daß es uns mit dem Heiraten wirklich ernst war und wir nicht bloß einen Vorwand suchten, damit ich an meinen Wunschort versetzt wurde. Dafür mußte ich mich, wie wir schließlich herausfanden, für weitere 19 Monate „für Volk und Vaterland" verpflichten. Das wären dann insgesamt drei Dienstjahre auf Hawaii. Der Entschluß dazu fiel mir nicht besonders schwer. Ich wollte einfach bei Steve sein, und meine Arbeit als Assistentin eines Kieferchirurgen unterschied sich nicht besonders vom entsprechenden Bürojob in der zivilen Welt. Es war also keineswegs ein Opfer für mich, auf Hawaii zu arbeiten.

Mit diesen Erwägungen im Hinterkopf gingen wir an die Hochzeitsvorbereitungen. Als Termin wählten wir den 30. August 1980, drei Tage nach Steves 29. Geburtstag. All die Vorbereitungen und Kleinigkeiten füllten meine Tage völlig aus, und in den Nächten sah ich mich oft schon als strahlende Braut. Es waren glückliche Tage, denn sogar mein Vater war mit dem Mann meiner Wahl einverstanden. Steve war der erste und einzige Mann, den mein Vater je gebilligt hatte. Er mußte sich nie verteidigen oder beweisen, denn mein Vater erkannte seine Reife. Es fiel auf, daß Steve es ernst meinte mit den Menschen und daß er bereit war, ihnen zu dienen. Sein Rang als Hauptmann bei der Marine tat für sein Ansehen bei meinem Vater ein Übriges.

Unsere Trauung sollte in der presbyterianischen Olivet-Kirche von Harrisburg in Pennsylvania stattfinden. Dort war ich aufgewachsen und hatte als kleines Mädchen die Geschichten von Jesus gehört. Mit zwölf Jahren hatte ich mich öffentlich zu Jesus als meinem Erlöser bekannt. Soweit ich mich erinnern kann, war für mich immer klar, daß Jesus der Herr war und daß er für meine Sünden gestorben war, auch wenn ich als Teenager ein paar Jahre lang mit Gott nichts zu tun haben wollte. In dieser Zeit hatte ich mit Drogen, Alkohol und Sex herumexperimentiert und war mit 17 von daheim ausgezogen. Aber schon bald zog es mich zurück zu der Wahrheit, die in meinem

Kinderherzen Wurzeln geschlagen hatte. Je näher nun der Tag der Hochzeit rückte, desto ernster wurde es mir damit, Jesus mein Leben noch einmal ganz neu zu übergeben.

Mit dem Näherrücken unserer Hochzeit war auch Steve ganz neu angerührt, und wir sprachen über unseren Kindheitsglauben. Steve war in einer großen katholischen Familie aufgewachsen und hatte nie vergessen, daß er Gott aus ganzem Herzen kennen, lieben und ihm dienen sollte. Mir war klar, daß eine Hochzeit außerhalb der katholischen Kirche für ihn eine ganz heikle Sache war. Aber er sagte oft: „Ich will Jesus noch mehr lieben und seine Liebe zu mir noch mehr verstehen lernen. Das ist mir viel wichtiger als die Angst, ich könnte aus dem Himmel hinausgeworfen werden, bloß weil ich eine Protestantin heirate." Wir beschlossen also, uns darauf zu verlassen, daß Gott uns die Art von Anbetung und Gottesdienst zeigen würde, durch die er am meisten verherrlicht würde. Als wir uns dann also öffentlich und vor Gott unser Jawort gaben, begannen wir zugleich ein ganz neues Leben mit Jesus.

Die Trauung war wunderschön, aber ich weiß noch, wie ich bei mir dachte: Bei all den Befürchtungen, die wir während der Vorbereitung gehabt hatten, hätte sie eigentlich länger dauern müssen als zwanzig Minuten. Draußen vor dem Portal gingen wir dann durch ein kleines Spalier von Schwertern, küßten uns und träumten vom immerwährenden Glück.

Steven Louis

Zwei Monate später packten wir die Koffer und räumten unser Haus. Eine Immobilienmaklerin am Ort sollte es vermieten. Der Strand von North Carolina an der amerikanischen Ostküste lag also hinter uns – und vor uns die Tropeninsel Oahu im paradiesischen Hawaii.

Den ersten Teil der Reise machten wir im Auto. Diese Reise quer durch die Staaten waren quasi unsere Flitterwochen. Immer wieder machten wir Abstecher zu Verwandten und Freunden. Am meisten genossen wir aber die Abendstunden hinterm Steuer, in denen wir redeten und redeten. Als wir eines Abends die Wüsten von Arizona durchquerten – ich war gerade mit dem Fahren an der Reihe – holte Steve ein dünnes altes Büchlein hervor und schaltete die kleine Lampe an seiner Sonnenblende ein. Dann machte er es sich bequem, legte seine Füße auf meinen Schoß und fing an, mir aus „Der alte Mann und das Meer" vorzulesen. In den folgenden Stunden waren wir also nicht mehr von Kakteen und trockener Hitze umgeben, sondern kämpften auf dem weiten Meer Seite an Seite mit einem alten Mann in seinem abgetakelten Boot. Ausgekühlt und durchgeweicht bis auf die Knochen, klammerte er sich verzweifelt an seinen Traum.

Eine Woche später flogen wir dann über das wundervolle, blaue Meer von Hawaii, und ein Traum wurde für uns wahr. Doch die Wirklichkeit holte uns bald ein: Wir waren zwar auf derselben Insel stationiert, aber durch unsere unterschiedlichen Arbeitsbereiche meilenweit voneinander getrennt. Steves Marinehafen lag auf der einen Seite der Insel, und die zahnärztliche Abteilung von Pearl Harbor, an die ich beordert worden war, auf der anderen. Nach einigem Hin und Her entschieden wir uns, auf seiner Seite zu wohnen, weil sich dort nicht so viele Touristen tummelten. Die Einheimischen nannten es die Windseite, weil dort ständig sanfte Passatwinde über die Sandstrände wehten. Für mich hieß das, daß ich jeden Tag auf der „Liki-Liki"-Autobahn zur windabgewandten Südküste der Insel zur Arbeit fahren mußte. Ich war dort leitende Technikerin in der kieferchirurgischen Abteilung.

Einen ganzen Monat dauerte es, bis wir schließlich eine passende Bleibe gefunden hatten, ein Haus in der Bucht von Kaneohe. Was einmal ein Traum gewesen war, wurde nun Alltag. Wir fanden Freunde, und ich lernte die Frauen anderer Piloten aus Steves Staffel kennen. Diese Freundschaften vertieften sich im Laufe der nächsten vier Monate. Dann aber standen wir alle auf der Kaimauer von Pearl Harbor und winkten unseren Männer Lebewohl. In den kommenden sechs Monaten sollten sie auf der „Bellowwood" im Indischen Ozean kreuzen, Manöver durchführen und militärische Präsenz demonstrieren.

Während Steves Abwesenheit wollte ich mich einer diagnostischen Operation unterziehen. Seit langem schon litt ich unter starken Unterleibskrämpfen und Blutungen, und bereits im Jahr zuvor war vermutet worden, daß wahrscheinlich große Teile meiner Eileiter verklebt waren und sich Verwachsungen gebildet hatten. Das Ergebnis des chirurgischen Eingriffs damals war jedoch nicht ganz eindeutig gewesen. Darum wandte ich mich im März an das Tripler-Zentrum, ein großes Forschungszentrum der Armee. Der dortige Arzt bestätigte mir nach dem Eingriff die Verklebungen und Vernarbungen. Er teilte mir zwar mit, er habe die schlimmsten verklebten Stellen in Ordnung gebracht, aber zum einen gäbe es noch weitere Verklebungen und – was für mich noch schwerer wog – er habe starke Vernarbungen an den Innenwänden meiner Eileiter festgestellt. Ich würde wohl nur dann Kinder bekommen können, wenn diese Wucherungen durch einen mikrochirurgischen Eingriff entfernt würden.

Bevor ich die Praxis verließ, sagte der Arzt noch, daß ich am ehesten während der ersten zwölf Monate nach einem solchen Eingriff schwanger werden könnte. Aber auch dann stünden meine Chancen nur zwei zu fünf, und ich müßte immer noch mit einer Eileiterschwangerschaft rechnen. Diese Prognose war zwar alles andere als ermutigend, aber wenigstens, so meinte er, würden meine Bauchkrämpfe nach dem Eingriff nicht mehr ganz so heftig sein. Das war alles an Ermutigung, was er zu bieten hatte.

Für mich war das enttäuschend, denn ich wünschte mir sehnlichst Kinder!

Kurz darauf erfuhr ich, daß sich Steve auf dem Rückflug von den Philippinen befand, weil sein Schiff im Dock zur Wartung war. Das hieß, wir konnten uns sehen. Eigentlich hatte ich ihn ja wegen dieser Operation nicht beunruhigen wollen, aber ich war doch froh darüber, daß er nach Hause kam. Ich erzählte ihm von dem Befund und von den Zahlen, die mir der Arzt eröffnet hatte. Schon in North Carolina hatte ich Steve erzählt, daß ich vielleicht keine Kinder würde bekommen können. Er hatte mir damals versichert, daß für ihn Kinder und Familie nicht allzu wichtig seien, und das bestätigte er jetzt noch einmal. Er liebte mich so, wie ich war. Falls wir uns zu dieser Operation entschließen würden, dann nur aus dem Gebet und dem Wissen heraus, daß der Herr uns darin leitete. Steve tröstete mich sehr. Offenbar schien ihn die Sache nicht aus der Ruhe zu bringen, und er sprach aus, was ich bereits tief in mir wußte: Wenn der Herr wollte, daß wir Kinder bekämen, dann war es egal, was die Ärzte sagten. Jetzt war ich auch schon mit der Aussicht auf schwächere Monatsbeschwerden zufrieden.

Steve mußte zurück auf den Philippinen sein, bevor sein Schiff den Hafen wieder verließ. Nach wenigen Tagen nahmen wir also wieder Abschied und pflegten unsere Liebe mit Hilfe von Briefen. So schwer die Trennung auch war – die Briefe, die Steve mir schrieb, möchte ich gegen nichts auf der Welt eintauschen. Wie die meisten Männer war auch er in seinen Gesprächen nicht besonders romantisch, aber in seinen Briefen ließ er mich in sein Herz schauen. Solche Zeilen erhielt ich kurz nach seiner Rückkehr auf die Philippinen:

Meine geliebte Frau!

Wie geht es Dir? Ich möchte meinen, sehr gut, weil ich ja für Dich bete und Dir völlig ergeben bin. Wenn Du nur einen kleinen Teil der Gefühle nachempfinden könntest, die ich für Dich habe, dann würde es Dir sehr lange sehr gut gehen. Du sollst wissen, daß ich Dich heute noch mehr liebe als gestern, und ich bin sicher, daß es morgen schon wieder mehr sein wird. Jede Wette, daß Du das schon mal gehört hast, aber ich meine jedes einzelne Wort von ganzem Herzen. Ich merke, daß du unter lauter Talmi das eine Juwel bist, die Rose unter all den Gänseblümchen . . . und ich sitze hier ganz elend irgendwo im Indischen Ozean, körperlich und geistig weit weg von dir.
Ich freue mich schon auf morgen, weil wieder Briefe von Dir da sein werden, wenn wir an Land gehen. Ich bin so gespannt.
Schatz, ich liebe Dich. Vermisse Dich. Paß auf dich auf. Trinke Milch.
Gott segne Dich.
Dein ewig – in Dich – verliebter Steve

Sein erster Einsatz verlief ohne Zwischenfälle. Gegen Ende kamen meine Eltern zu Besuch. Es war in der ersten Julihälfte, und ich war überglücklich, daß sie bis zum 28. würden bleiben können, dem Tag nach meinem 23. Geburtstag, an dem dann auch Steve wieder nach Hause kommen sollte. Aufgeregt und voller Vorfreude sahen wir die Hubschrauberstaffel über die Berge von Hawaii auf die Hangare zusteuern, wo all die Frauen schon gespannt und besorgt auf ihre Männer warteten. Solche Anlässe der Rückkehr von Soldaten sind immer sehr gefühlvolle Angelegenheiten, für Ehefrauen ebenso wie für unbeteiligte Beobachter.

Steve war gerade einen Monat zu Hause, als ich merkte, daß ich die ganze Zeit über meine Regel nicht bekommen hatte. Weil die aber sowieso immer unregelmäßig kam, machte ich mir zunächst keine besonderen Gedanken darüber. Aber nach sechs weiteren Wochen machte ich dann doch einen Schwangerschaftstest. Das Ergebnis war negativ, aber obwohl ich mir eigentlich schon gedacht hatte, daß alles auf meine gynäkologischen Probleme zurückzuführen war, war ich dennoch enttäuscht. Der Arzt erklärte mir, daß trotz des negativen Testergebnisses eine Eileiterschwangerschaft vorliegen könne, die viel schwerer festzustellen sei als eine normale. Ich solle jedenfalls bei den ersten Anzeichen von weiteren Beschwerden sofort wiederkommen. Diese Warnung beunruhigte mich besonders – denn jetzt rechnete ich jeden Tag mit heftigen Schmerzanfällen, und vor meinem inneren Auge sah ich mich schon in der Notaufnahme des Krankenhauses.

Einige Wochen vergingen, ohne daß sich an meinem Zustand etwas änderte. Steve bestand auf einem weiteren Schwangerschaftstest; ich hingegen fürchtete mich vor einem zweiten negativen Ergebnis. Eines Morgens ließ ich den Test dann doch durchführen und flüchtete mich sofort danach in meine Arbeit. So gegen zwei Uhr nachmittags sollte ich in der Klinik anrufen, dann sei das Ergebnis da. Die Stunden bis dahin erschienen mir wie eine Ewigkeit.

Eine Minute nach zwei war in meiner Abteilung alles ums Telefon versammelt, als ich wählte. Ich gab meinen Namen durch und wartete. Als ich den Hörer wieder auflegte, wußten meine Kollegen immer noch nicht, wie die Sache denn nun stand. Vor Schreck war mein Gesicht wie starr. Ich war schwanger.

Als ich ein paar Tage später untersucht wurde, stellte sich heraus, daß ich schon etwa in der zwölften Woche sein mußte. Der Arzt konnte sogar schon die Herztöne hören, aber wegen meiner Vorgeschichte riet er mir, mich zu schonen. Voller Schadenfreude hielt ich ihm entgegen: „Ich dachte, so etwas sei Ihrer Ansicht nach gar nicht möglich." Er antwortete: „Ja, was wissen denn die Ärzte schon." Und ich dachte bei mir: *Wie recht Sie doch haben. Gott allein weiß, wie's kommt.*

Aber nicht nur die Ärzte waren überrascht. Auch Steve und ich hatten kaum damit gerechnet, daß Gott unsere Bitte so schnell erhören würde. Wir hatten sie ihm ja noch nicht einmal richtig vorgebracht. Wir kannten all die wunderbaren Bibelworte über Gottes Treue, wie beispielsweise Psalm 113,9: „Der die Unfruchtbare im Hause zu Ehren bringt, daß sie eine fröhliche Kindermutter wird." Oder Psalm 86,15: „Du aber, Herr, Gott, bist barmherzig und gnädig, geduldig und von großer Güte und Treue." Aber wir hatten uns nicht von den Sorgen darüber verzehren lassen, ob wir jemals eine Familie sein würden. Ich glaube, Gott hat damals unseren schlichten Glauben an ihn belohnt. In den folgenden Jahren sollte mein Leben völlig auf den Kopf gestellt werden, und ich sollte nun erfahren, wie wichtig es war, immer wieder den Entschluß zu fassen, Gott zu vertrauen. In allem, was geschah, hatte ich immer die Wahl, ihm entweder zu vertrauen oder nicht, und immer war es einfacher, ihm zu vertrauen.

Obwohl die Schwangerschaft wunderbar verlief, wurde ich als Risikoschwangere eingestuft und behandelt. Steve sollte eigentlich vor der Geburt noch einmal auf Seeinsatz, aber wir bemühten uns um eine Ausnahmegenehmigung, die wir schließlich von höchster Instanz auch bekamen. Steve konnte also bei der Geburt des Kindes dabei sein.

Im vierten Schwangerschaftsmonat machten Steve und ich eines Nachmittags einen Spaziergang am Strand und genossen die kühle Brise dort. Wir schauten den Segelbooten am Horizont zu, die langsam über das tiefblaue Wasser glitten, und fingen an, über die Möglichkeit zu sprechen, daß ich meinen Dienst quittieren und als Vollzeit-Mutter zu Hause bleiben könnte, wenigstens in den ersten paar Jahren, so daß unser Kind wirklich Fuß fassen konnte in unserer Liebe und der Liebe Gottes. Ich wollte dabei sein, wenn es die ersten Schritte machte und seine ersten Worte sagte. Ich wollte ihm selbst das erste Glas Babybrei verfüttern, und ich wollte dem Kind zu jeder Tageszeit Lieder und Geschichten von Jesus nahebringen.

Steve sah mehr die praktische Seite der ganzen Angelegenheit und stellte in Gedanken unsern Doppelverdienst seinem einzelnen Einkommen gegenüber. Wir redeten, planten, rechneten und waren bald sicher, daß dem Herrn unsere Entscheidung gefallen würde: Ich würde mit dem Kind zu Hause bleiben.

Nach fünfjähriger Dienstzeit wurde ich im sechsten Monat meiner Schwangerschaft ehrenhaft aus der Marine entlassen, wenn auch mit sehr viel weniger Pomp als erwartet. Wir begangen diesen Tag mit einem schönen Abendessen im Offiziersklub und krönten es mit meinem Lieblingsnachtisch, einem Früchteeis mit Schokosplittern und heißer Karamellsoße.

Zu Beginn des achten Monats meldeten wir uns im Castle Hospital von Kailua, wo das Baby geboren werden sollte, zu einem Geburtsvorbereitungskurs an. Dann warteten wir – und warteten – und warteten. Jeder Tag nach dem errechneten Termin kam mir vor wie ein Monat, und ich war mächtig schlecht gelaunt. Am 8. Mai begannen in aller Frühe endlich die Wehen. Als ich Steve sagte: „Es ist so weit", fragte er mich: „Wie häufig kommen sie denn?"

„Alle sieben oder acht Minuten", erwiderte ich.

„Dann kann es noch nicht so weit sein", entgegnete er. „Nach unserem Buch müssen sie im Abstand von zwanzig Minuten anfangen."

Dafür hätte ich ihn am liebsten geohrfeigt. Ich konnte es nicht fassen! War ihm denn die Marine so sehr in Fleisch und Blut übergegangen, daß er sogar jetzt nach Lehrbuch vorgehen wollte, wo ich in den Wehen lag? Drei Stunden später war ich jedenfalls in der Klinik. Die Wehen kamen jetzt im Abstand von zwei bis drei Minuten, und das blieb in den folgenden 13 Stunden auch so. Unglücklicherweise lag das Baby auch noch verkehrt herum. Mehrmals versuchte der Arzt, es zu drehen, aber damit setzte er mir bloß noch mehr zu. Ich konnte nicht begreifen, warum er mich nicht einfach in Ruhe ließ. Nach jedem dieser Versuche spürte ich, wie sich das Kind bei der nächsten Wehe wieder in seine Ausgangslage zurückdrehen wollte. Erschöpft meinte Steve zu mir: „So etwas werde ich dir nie wieder zumuten."

„Ha", gab ich ihm zurück, „das ist ja wohl die Untertreibung des Jahrhunderts! Ganz zu schweigen davon, daß das ja wohl *mein* Text ist, und ich will wenigstens die Genugtuung haben, ihn auch selbst zu sprechen."

Dennoch war mir Steve eine großartige Hilfe, und am Abend kam unser Baby gesund zur Welt. Steven Louis Bartalsky III nannten wir unser „Wunderbaby". Der nächste Tag war ein Sonntag – und Muttertag – und Steve nahm stellvertretend für mich nach dem Gottesdienst einen Strauß Rosen entgegen.

Fünf Tage später saß Steve in einem Flugzeug in Richtung Philippinen, um dort zur übrigen Schiffsbesatzung zu stoßen, während Klein Steven und ich einander kennenlernten.

Christina Joan

Sein Papa sah ihn erst wieder, als er schon fast sechs Monate alt war. Steves Gesicht strahlte vor Freude, als er das Baby betrachtete, seinen Sohn! Die folgenden acht Monate waren eine glückliche Zeit, in der wir lernten, als Familie zusammenzuleben. Es gab so viele schöne Augenblicke! Vor dem Sonnenuntergang machten wir oft ausgedehnte Spaziergänge, und der stolze Vater schob unseren Steven im Buggy. Es machte Steve überhaupt Spaß, Steven zu füttern, zu baden und sogar zu wickeln, und ich genoß es, die beiden dabei zu beobachten. Er war ein sehr zarter und sanfter Ehemann, und auch als Vater war er so. Sooft er daheim war, investierte er seine ganze Kraft in den kleinen künftigen Präsidenten, den weltberühmten Profi-Sportler und Kandidaten für den Friedensnobelpreis.

Steven war ein Bilderbuchbaby. Er schlief nachts durch, hatte einen gesunden Appetit, entzückte die Damen und entwickelte sich rasant. Wir hätten als frischgebackene Eltern nicht glücklicher sein können.

Wir betrachteten es als ein solches Vorrecht, Steven zu haben, daß der Gedanke an ein zweites Kind sich geradezu aufdrängte. Im November nämlich hörten wir, daß Steves Schwester Elisabeth schwanger war und ihr Kind zur Adoption freigeben wollte, weil sie nicht verheiratet war. Nun fragten wir uns, ob wir ihr Baby adoptieren sollten. Wir wußten einerseits nicht so recht, ob eine solche Entscheidung klug wäre, und außerdem wollten wir auch Gottes Plänen mit unserer Familie nicht davonpreschen. Es waren ja gerade erst sechs Monate her, daß wir zum ersten Mal Eltern geworden waren, und Elisabeths Kind würde dann nur gut zehn Monate jünger sein als Steven. Aber andererseits ließ uns der Gedanke nicht mehr los. Wir beteten und überlegten lange hin und her. Schließlich riefen wir Liz an und fragten sie, ob sie uns als Adoptiveltern akzeptieren würde.

Liz hörte uns aufmerksam zu, aber an ihrer Reaktion war nicht zu erkennen, wie sie sich letztlich entscheiden würde. Sie sagte nur, sie wolle den Vorschlag ernsthaft bedenken und uns in ein paar Tagen zurückrufen. Das war der schwere Teil. Mir war zwar durchaus klar, daß das eine schwere Entscheidung war, aber ich hasse es zu warten. Doch mir blieb nichts anderes übrig, und ich gab mir große Mühe, alles in Gottes Hand zu legen. Liz hielt Wort und rief uns noch in derselben Woche zurück. Sie klang heiter. Ja, sie sei ziemlich sicher, daß wir ihrem Baby ein glückliches Zuhause würden bieten können.

Die folgende monatelange Warterei schien mir zehnmal schwerer als das Warten auf Stevens Geburt. Ursprünglich hatte Liz vorgehabt, zu uns nach Hawaii zu kommen und die Zeit bis nach der Geburt bei uns zu wohnen. Wir hatten ihr auch schon ein Zimmer hergerichtet und für sie einen Termin beim Frauenarzt vereinbart, doch dann rief sie uns an und sagte, sie würde doch lieber bei ihrer Schwester Margaret in Fort Lauderdale in Florida bleiben.

Zuerst tat mir ihre Entscheidung sehr weh. Ich wollte ihr doch zeigen, wieviel mir an ihr und ihrem Baby lag. Aber ich wußte auch, daß alle Beteiligten für alle Beteiligten nur das Beste wollten, und Liz' Entscheidung, bis zur Entbindung bei ihrer Schwester zu bleiben, war für ihren seelischen Zustand bestimmt das Klügste. Trotzdem war ich sehr beunruhigt. Ich hatte Angst, sie könnte sich die Adoptionsfrage doch noch anders überlegen. Florida war so weit weg von Hawaii. Ich wollte es mir zwar nicht eingestehen, aber es stimmte halt doch: Ich mißtraute dem Herrn. Es war mir wichtiger, selbst Einfluß nehmen zu können, als darauf zu vertrauen, daß er es gut meinte und das Richtige tun würde. Ich hätte die Situation besser als Chance betrachten sollen, ihm alles in die Hände zu legen.

Eines Morgens, etwa einen Monat vor dem Geburtstermin, brachte ich meine Ängste vor Gott. Vom Verstand her war mir das Problem sehr wohl klar. Ich mißtraute Gottes

Plänen für mein Leben. Aber es war um einiges schwieriger, auch für mein Herz und meine Gefühle wieder Frieden zu bekommen. Eine Verheißung aus dem Buch Hiob machte mir Hoffnung, daß die Berg-und-Tal-Fahrt meiner Gefühle zu Ende gehen würde. „Er aber kennt meinen Weg gut. Er prüfe mich, so will ich erfunden werden wie das Gold" (Hiob 23,10).

Stundenlang dachte ich über diesen Vers nach und überlegte, wie er in mein Leben paßte. Das Bild der Reinigung durch Feuer erinnerte mich an eine Unterrichtsstunde während meiner Ausbildung als Zahntechnikerin. Ich assistierte den angehenden Zahnärzten von Hawaii bei ihrem Examen und merkte, unter welchem Druck sie standen, und wie frustrierend unter diesem Druck die mühsameren und langwierigeren Examensteile waren. Aber Geduld war eben von entscheidender Bedeutung für den Erfolg. Unter anderem mußten die angehenden Zahnärzte eine Goldfüllung fertigen und dafür zunächst das Metall im Feuer reinigen, damit keine Schmutzpartikel darin blieben. Ein winziges Körnchen genüge, daß sich das Gold nicht richtig mit dem Zahn verbinden konnte. Und in dem Fall war die ganze Mühe umsonst und der Kandidat automatisch durchgefallen.

Je nach Qualität mußte manches Gold häufiger durchs Feuer als anderes, und der Reinigungsvorgang war sehr zeitaufwendig. Bei jedem Erhitzen wurde das Gold geschmiedet, so daß eingeschlossene Partikel heraustraten und schließlich vom Metall geschieden werden konnten. Nach dem Abkühlen fing das Ganze wieder von vorn an und wurde so lange wiederholt, bis keine Spur von Verunreinigung mehr festzustellen war.

Jetzt erlebte ich das erste reinigende Feuer als entschiedener Christ, aber irgendwie spürte ich, daß der Reinigungsprozeß gerade erst angefangen hatte. Sofort kam mir der Gedanke: *Warum habe ich das Gefühl, daß diese Sache nicht einfach werden wird?"* Er kannte „den Weg, den ich gehe", denn er hatte mich geschaffen, und mit diesem Geschöpf hatte er etwas Bestimmtes vor. Er erkannte weit mehr, als ich mit meinem begrenzten Verstand absehen konnte. Wenn das Baby von Liz nicht zu seinem Plan für mich gehörte, dann war das immer noch Teil seines göttlichen Plans. Gold wird durch Feuer geläutert, damit es nicht mehr von Schmutzpartikeln durchsetzt ist, sondern rein. Mich mußte Gott von einem hartnäckigen Mißtrauen reinigen, damit ich seinen guten Weg für mein Leben annehmen konnte. Das wollte ich eigentlich auch sehr gerne, mußte aber zunächst diese Reinigung über mich ergehen lassen. Dann erst konnte er mich in das Bild seines Sohnes umgestalten.

Nach all dieser Läuterung wurde dann das flüssige Metall eingegossen. Dabei mußte peinlich genau gearbeitet werden, damit es exakt in den Zahn paßte und das Gebiß wieder mit größtmöglicher Wirkung funktionierte. So würde auch ich für das Reich Gottes am meisten ausrichten können, wenn ich dem Bild Christi so genau wie möglich glich. Das geschah in den folgenden Jahren durch so manchen Schmerz. Der Herr formte und stärkte mich durch viele Feuerproben, und ich hielt dabei an seinen Verheißungen fest. Die Monate vor der Geburt von Liz' Baby waren für mich so ein erstes reinigendes Feuer, in dem ich lernte, Gott zu vertrauen.

Zwei Tage vor dem Geburtstermin flog ich zu meinen Eltern nach Sarasota in Florida. Steven blieb zu Hause bei seinem Papa, und ich versprach anzurufen, sobald das Baby geboren war. Rein äußerlich machte Steve den Eindruck, als hätte er alle Ängste und Gefühle im Griff, die damit einhergingen, daß er zum zweiten Mal Vater wurde. Aber ich wußte, daß er insgeheim um ein Mädchen betete.

Natürlich kam das Baby zu spät, und wieder kam mir jeder weitere Tag des Wartens wie ein Monat vor. Jede Nacht lag ich wach und versuchte verzweifelt, den Ausgang der ganzen Sache Gott anzubefehlen. Würde sie es sich doch noch anders überlegen? Würde sie das Kind doch behalten wollen? *Darum geht es nicht*, sagte ich mir immer wieder. *Gott ist doch der Herr darüber.* Dann merkte ich wieder, wie selbstsüchtig ich dachte. Immer mehr Schmutz kam zur Reinigung an die Oberfläche.

Am 23. Mai 1983 kam Christina Joan auf die Welt. Ihren Zweitnamen Joan bekam sie nach Liz. Das sollte sie immer daran erinnern, daß ihre leibliche Mutter sie sehr lieb hatte. Zwei Tage später brachte sie sie mir. Sie war wunderschön.

Ich schaute erst Liz in die Augen, dann sah ich Christina an, und ich spürte, welche Stärke und wieviel Liebe hinter Liz' Entscheidung steckten. Ich bewunderte sie zutiefst für ihren Mut, bei der einmal getroffenen, unglaublich schweren Entscheidung zu bleiben. Es kostete sie viel, aber im Grunde wußte sie, daß es die richtige Entscheidung war.

Drei Tage später saßen Christina und ich im Flugzeug nach Hawaii, wo ihr neuer Papa und ihr großer Bruder schon darauf warteten, sie kennenzulernen. Sie war ein entzückendes Baby. Wir schlossen sie vom ersten Moment an ins Herz. Sie wirkte gesund, und jeder versicherte uns, was für eine Bilderbuchfamilie wir wären mit unserem erstgeborenen Sohn und einer so bezaubernden Tochter. Dazu hatten wir ein nette Wohnung mit Blick auf das tiefblaue Meer zwischen den Inseln, Steves Beförderung zum Major bei der Marine stand an, und ich leitete ehrenamtlich die Kinderstunden in unserer Gemeinde. Das Leben hätte nicht schöner sein können. Ich bewunderte meinen Mann, liebte meine Kinder und war jeden Tag für den Herrn aktiv. Das war das „Und sie lebten glücklich bis an ihr Ende", das ich mir an meinem Hochzeitstag vorgestellt hatte.

Aber dieses heitere und unbeschwerte Leben sollte nur wenige Wochen dauern.

Alles begann mit einem kleinen, aber hartnäckigen Problem, wie es auch jede andere Familie mit einem Neugeborenen haben kann. Auch wenn uns Christina gesund vorkam, sie spuckte ziemlich häufig. Bei der ersten Vorsorgeuntersuchung nach zwei Wochen fragte ich den Arzt, ob das etwas zu bedeuten hätte. Er schlug vor, Buch zu führen über alles, was sie zu sich nahm und wieder von sich gab, damit wir ihr Gewicht genau kontrollieren konnten.

Als sie eine Woche später aber immer noch kein Gramm zugenommen hatte, schlug die Schwester vor, die Babynahrung zu wechseln. Als das nicht funktionierte, machte sie den Vorschlag, Getreideflocken zuzugeben, damit die Milchnahrung nahrhafter und sättigender würde. Außerdem sollten wir sie nach jeweils etwa 50 Gramm Nahrung etwa zehn Minuten aufsetzen und sie erst dann ein Bäuerchen machen lassen. Das ging schließlich so weit, daß ich zwei-, mitunter dreimal die Woche mit ihr zur Kontrolle in die Klinik fuhr. Jeder war froh, wenn sie auch nur 50 Gramm zugenommen hatte.

Im Laufe der nächsten Wochen mischten wir so viel Getreideflocken in die Flaschenmilch, daß wir das Loch im Sauger vergrößern mußten. Wir gaben ihr zehn Gramm, setzten sie eine Zeitlang hin, ließen sie aufstoßen, und dann ging das Ganze wieder von vorn los. Das war äußerst mühsam und sehr zeitraubend, und hin und wieder wurde ich auch zornig, weil das Füttern so lange dauerte.

Dann zogen aus anderer Richtung dunkle Wolken auf. Steve kam eines Tages heim mit der Nachricht, daß er bei den Beförderungen zum Major nicht berücksichtigt worden war. Sollte er es auch beim zweiten Anlauf nicht schaffen, bedeutete das die Entlassung aus der Armee. Er erkundigte sich daraufhin beim Marinehauptquartier in Washington, warum man ihn übergangen hatte und wie er seine Chancen beim nächsten Mal verbessern könnte. Er erfuhr, daß seine Bewertung durch seine Kameraden insgesamt zu schlecht war, er zu wenig Verwaltungspraxis hatte und noch nicht genug Seeeinsätze vorzuweisen hätte. Wir fragten Gott, was wir jetzt tun sollten. „Herr, wenn Du willst, daß wir bei der Marine bleiben, dann mußt du uns jetzt zeigen, was wir tun sollen."

Steve hatte während unserer Zeit auf Hawaii bereits zwei sechsmonatige Einsätze auf See absolviert. Ob es im verbleibenden Jahr zu einer weiteren Fahrt reichen würde? Würden sie sie ihm überhaupt bewilligen? Zu alledem wollten wir auch noch unsere Wohnung verkaufen, aber wie sollte das gehen mit Steve irgendwo auf hoher See?

Was blieb uns übrig, als uns ganz auf den Herrn zu verlassen?

In den darauffolgenden beiden Wochen passierten zwei wichtige Dinge: Zum einen erhielt Steve eine schriftliche Belobigung vom General der Fliegerabteilung, weil er den dortigen Bereich für Standard- und Geheimmaterial erfolgreich umstrukturiert und die höchsten Sicherheitsstandards eingeführt hätte. Zum zweiten kam ein befreundeter Oberst mit dem Angebot auf Steve zu, das direkt von Gott stammen mußte: Er bat Steve, in seine Staffel zu wechseln, die drei Monate später für ein halbes Jahr in See stechen sollte. Steve könne als Verwaltungsoffizier dabeisein. Diese Stellung galt allgemein als *das* Sprungbrett zum Majorsrang, und zudem würde Steve dadurch auch bessere Bewertungen von seinen Kollegen bekommen.

Eines Nachmittags hatten Steve und ich ein langes Gespräch. Wir waren uns einig, daß das Angebot des Oberst die Lösung für alle Probleme mit der Armeeführung war, wenn wir weiter bei der Marine blieben. Wir ließen also unser Haus zum Verkauf ausschreiben und bereiteten unseren Umzug in eine Armeeunterkunft vor. Dort würden wir dann unser letztes Jahr auf Hawaii verbringen. Das Haus wurde verkauft, als Christina drei Monate alt war.

Zu der Zeit schien es, als wäre sie über dem Berg. In anderthalb Wochen hatte sie über ein Pfund zugenommen, und wir mußten jetzt nicht mehr so oft zur Kontrolle in die Klinik. Offenbar hatten wir tatsächlich das Gröbste hinter uns. Eines Tages gelang es einer Freundin sogar, der Kleinen ein lautes Lachen zu entlocken, so daß mein Herz einen Satz machte und meine Augen vor Freude strahlten, als die beiden da auf dem Fußboden herumtollten. Mit ihr schien alles in Ordnung zu kommen.

Eines Samstags beschlossen wir, neue Teppichböden für unsere neue Wohnung in der Kaserne zu kaufen. Dazu mußten wir auf die andere Seite der Insel nach Honolulu fahren und den Berg überqueren. Christina wirkte weinerlich, vor allem beim Kurvenfahren und beim abrupten Bremsen im Stoßverkehr. Aber wir machten uns keine weiteren Gedanken darüber und kehrten am späten Nachmittag wieder heim.

Am selben Abend begann Christina erneut zu erbrechen. Wir dachten, es wäre wieder das alte Problem und gaben ihr kleinere Mengen zu trinken und ließen sie häufiger aufstoßen. Am nächsten Tag war sie ziemlich teilnahmslos. Ich war jetzt sehr in Sorge und rief auf der Notfallstation an, um herauszufinden, ob gerade ein Kinderarzt Dienst hatte. Dem war aber nicht so, und ich wußte, daß die praktischen Ärzte nicht gut auf „hysterische Mütter" zu sprechen waren, die am Wochenende anriefen oder gar vorbeikommen wollten. Wenn es keine Notfälle gab, brauchten die diensthabenden Ärzte nämlich nicht in der Klinik anwesend zu sein, sondern nur bereit zu stehen. Manche der Ärzte im Notdienst gingen barsch oder ironisch mit den Müttern um, besonders, wenn es keine Kinderärzte waren und sie den Umgang mit kleinen Kindern nicht gewohnt waren. Vor Montag konnte ich also kaum mit Hilfe rechnen, also gab ich Christina wenigstens Spezialnahrung, damit sie nicht austrocknete.

Als ich sie an jenem Abend ins Bett brachte, hörte ich wenige Stunden später zarte Geräusche aus ihrem Zimmer. Es klang, als ob sie wimmerte oder schlecht träumte. Als ich sie hochnahm, reagierte sie darauf unwillig. Sie war etwas warm, und deshalb maß ich ihre Temperatur, die mit 38,5 °C leicht erhöht war. Ich gab ihr also ein fiebersenkendes Mittel, nahm sie mit nach unten und gab ihr etwas zu trinken. Ich war beunruhigt, weil das hier andere Symptome waren als die üblichen. Ich rief noch einmal in der Klinik an, aber es war kein Arzt zu erreichen. Die diensthabende Krankenschwester dort bestätigte mich in allem, was ich unternommen hatte, und riet mir, direkt am nächsten Morgen vorbeizukommen.

Ich legte Christina aufs Sofa, setzte mich auf den Fußboden daneben und ließ sie fast die ganze Nacht über nicht aus den Augen. Sobald es Tag wurde, zog ich sie und Steven an, und gemeinsam fuhren wir in die Klinik. Unterwegs fühlte ich noch einmal Christinas Stirn. Ihr Fieber schien seit der Abfahrt schon wieder gestiegen zu sein. Sie reagierte immer noch sehr empfindlich, wenn ich sie irgendwie bewegte. Ich weiß noch genau, wie ich unwillkürlich dachte, das müsse etwas mit ihrem Hals oder Rücken zu tun haben. Sie mochte überhaupt nicht bewegt werden. Ich war in den vergangenen drei Monaten so oft mit Christina in der Klinik gewesen. Warum war ich diesmal so nervös?

Zuerst brachte ich Steven zu seiner Babysitterin, dann fuhr ich mit Christina zur Klinik. Die Krankenschwester maß ihre Temperatur. Sie war auf über 39 °C gestiegen. Ich wurde gebeten, im Wartezimmer Platz zu nehmen, man würde mich bald aufrufen. Christina saß vor mir in ihrem kleinen Kindersitz. Mit einem Herzen voller Ungewißheit schaute ich sie an. Sie war vollkommen hilflos, und ich konnte überhaupt nichts für sie tun. Als sie wieder zu wimmern anfing, konnte ich es nicht mehr aushalten und fing an zu weinen.

Immer wieder ging ich zur Schwester und fragte, wie lange es noch dauern würde. Aber sie konnte auch nicht mehr sagen als: „Sie sind die Nächste." Einige Minuten später kam ein Chirurg vorbei, den ich vom Kirchenchor her kannte, und ich erzählte ihm, was los war. Er tastete die Fontanelle auf Christinas Kopf und sagte ganz ruhig: „Dies kleine Mädchen ist aber wirklich sehr krank." Ich erschrak darüber so sehr, daß ich anfing zu schluchzen. All die anderen Mütter mit ihren kranken Babies starrten mich an, aber das war mir egal.

Die Krankenschwester kam noch einmal vorbei, und ich flehte sie an, mir doch bitte zu sagen, wie lange es noch dauern würde. Als sie merkte, wie verzweifelt ich war, versprach sie mir, noch einmal nachzufragen. Über eine Stunde hatte ich im schon Wartezimmer gesessen – und als sie mich endlich ins Behandlungszimmer riefen, konnte es dem Arzt nicht schnell genug gehen. Er benachrichtigte das Tripler-Zentrum, daß ich dorthin unterwegs sei, man solle sich bitte in der Notaufnahme bereithalten.

Wir rasten zur Notaufnahme der Klinik. Dort legten die Ärzte Christina sofort an einen Tropf, und ich rief Steve auf der Arbeit an. Mit tränenerstickter Stimme versuchte ich ihm die Lage zu schildern. Dann verlud man Christina und mich in einen Krankenwagen, und wir rasten über den Berg zum anderen Krankenhaus. Während ich hinten bei Christina saß, versuchte der eine Helfer mit mir zu reden und mich abzulenken. Aber das war schwierig, denn ich hörte gleichzeitig das Heulen der Krankenwagensirene und Christinas Wimmern, und durch das Rückfenster sah ich, wie wir ein Auto nach dem andern überholten. Das Gefühl, daß jetzt etwas ganz, ganz Dringendes ablief, überwältigte mich. Ich hatte absolut keine Kontrolle mehr, sondern wurde von den Umständen einfach mitgerissen.

Ein kleiner Botschafter

Kaum angekommen in der Notaufnahme des Tripler-Zentrums, entriß eine Ärztin mir Christina und rannte mit ihr den Gang entlang, ich hinterher. Während ich mich abmühte, mit ihr Schritt zu halten, versuchte ich sie zu fragen, ob sie wisse, was los sei, denn in der Klinik hätte ich von den Ärzten keine Auskunft erhalten. In sehr ernstem Ton antwortete sie mir, sie vermute eine Hirnhautentzündung. Ich begriff nicht recht, was das bedeuten sollte: „Wird sie wieder gesund werden?"

„Ich weiß es nicht", erwiderte sie atemlos.

Zum ersten Mal schoß mir der Gedanke durch den Kopf, daß wir Christina verlieren könnten. *Was soll das heißen: Ich weiß es nicht? Natürlich wird sie wieder gesund!* Bis zu diesem Augenblick war ich immer davon ausgegangen, daß sie gesund werden würde. Aber jetzt sah plötzlich alles ganz anders aus.

Kurz darauf traf Steve ein, und wir warteten nun gemeinsam auf eine Auskunft von den Ärzten. Die Frühschicht ging heim, und die Gänge wurden immer länger, dunkler und trostloser. Schließlich erschienen die Ärzte von der Notaufnahme wieder. Man bestätigte uns, daß Christina tatsächlich eine Hirnhautentzündung hatte und im Laufe des Tages in eine Art Koma gefallen war. Weil sie so zart war durch die Ernährungsprobleme der vergangenen Monate hatte ihr Körper wenig zuzusetzen. Die Meningitis zehrte sie in rasantem Tempo aus.

Damit Christina besser versorgt und beobachtet werden konnte, hatte man sie auf die kardiologische Intensivstation gelegt. Als wir wieder zu ihr durften, lag sie in einem riesigen

Bett, überall waren Geräte und Schläuche angeschlossen, und auf einer Tafel, die an ihrem Bett befestigt war, las ich die Worte „kritischer Zustand". Die Ärzte versuchten uns Mut zu machen, aber aus meiner eigenen Erfahrung im medizinischen Bereich wußte ich, daß das nichts Gutes zu bedeuten hatte.

Bevor wir heimfuhren, riefen wir noch unsere Familien an und informierten sie über Christinas Zustand. Am meisten Sorgen machten wir uns jedoch um Liz. Steves Vater versprach, es ihr mitzuteilen, sobald sie von der Arbeit käme. Dann kam sie aber bereits während des Telefonats, und zusammen mit ihrer Stiefmutter Mary schlug sie im Gesundheitslexikon unter dem Begriff Hirnhautentzündung (Meningitis) nach. Sie las vor, welche Symptome zu der Krankheit gehörten, und alles paßte mit Christinas Zustand in den vergangenen drei Monaten genau zusammen. Wenn die Krankheit nicht rechtzeitig erkannt wird, las Liz unter Tränen weiter, ist der Verlauf zu 90 Prozent tödlich.

Die Ärzte rieten uns, nach Hause zu fahren und uns ein wenig auszuruhen. Im Krankenhaus könnten wir jetzt ohnehin nichts tun. Steve war einverstanden und fuhr mich heim. Ich war verzweifelt. Hätten wir irgendetwas Auffälliges vielleicht früher bemerken können? Hätte ich etwas tun können, um das alles zu verhindern? Warum mußten die Symptome einer Hirnhautentzündung ausgerechnet genauso sein wie die Verdauungsprobleme, die sie gehabt hatte? Oder hatte sie diese Krankheit vielleicht schon sehr viel länger in sich getragen, und niemand hatte es bemerkt? Ich brauchte jetzt Menschen, die mich im Gebet trugen.

Am selben Abend war eigentlich das monatliche Treffen meiner Gebetsgruppe. Steve meinte, ich solle mich doch gleich auf den Weg machen. Er würde unterdessen Steven beim Babysitter abholen.

Ich ging also hin und erzählte, was passiert war. Alle Frauen beteten für Christina und mich. Es tat so gut, vertraute Gesichter um sich zu haben und mitzuerleben, wie sie zu Gott beteten. Es war etwas Normales und das tat in dieser „unnormalen" Situation einfach gut. Die Referentin für diesen Abend, die mich weder kannte noch wußte, daß mein

Töchterchen im Krankenhaus lag, sprach mir mitten ins Herz. Sie sprach darüber, wie sehr Gott einen jeden segnen möchte.

„Glauben Sie das wirklich?" fragte sie.

Dann bat sie einzelne Personen aufzustehen und stellte ihnen direkt und persönlich dieselbe Frage. Als die Reihe an mir war, sagte sie einfach: „Wissen Sie, daß Gott Ihnen seine Güte zeigen möchte?"

In diesem Augenblick war mir klar, daß ich Christina Gott ganz anvertrauen mußte. Ich stand vor der Entscheidung, ob ich den Worten aus Römer 8,28 Glauben schenken wollte oder nicht: „Wir wissen aber, daß denen, die Gott lieben, alle Dinge zum Besten dienen, denen, die nach seinem Ratschluß berufen sind."

Auf der Heimfahrt vom Gebetsabend schluchzte ich völlig unkontrolliert und schrie zu Gott. Es tat alles so weh! Ich wußte nicht, wie ich diesen Schmerz aushalten sollte. *Hier und jetzt* wollte ich Jesus bei mir haben. Ich wollte seinen Frieden, und ich wollte, daß dieser Schmerz aufhörte. Auf der ganzen Heimfahrt schrie ich ihm meinen Schmerz entgegen und betete. Ich weiß nicht mehr, was genau ich gebetet hatte, aber als ich am nächsten Morgen aus dem Krankenhaus angerufen wurde, wußte ich, daß Jesus mein Schreien gehört hatte. Ich hatte Frieden. Die Verzweiflung war weg.

Die Stimme am anderen Ende sagte: „Am besten kommen Sie sofort. Wir glauben nicht, daß Christina den Tag überstehen wird." Wir gaben also Steven wieder bei der Babysitterin ab und fuhren auf dem schnellsten Weg ins Krankenhaus. Christina atmete schon nicht mehr selbständig. Sie war an lebenserhaltende Apparate angeschlossen. Außerdem berechnete ein Gerät den Druck der Hirnflüssigkeit in ihrem Kopf. Überall an ihrem Körper hingen Schläuche und Kabel. Sie sah schrecklich aus.

Wir hatten ihre Lieblingsdecke mitgebracht und ein kleines weißes Lämmchen, das die Melodie „Jesus liebt dich" spielte. Bis spät in die Nacht blieben wir bei ihr. Sie hatte es also doch geschafft, diesen Tag zu überstehen, allerdings sagten uns die Ärzte, sie würde bleibende Hirnschäden behalten, falls sie überleben sollte.

Viele unserer Freunde hatten uns an diesem Tag im Krankenhaus besucht und getröstet. Sie zeigten uns all ihre Liebe und Anteilnahme. Sie umarmten uns, beteten für uns, brachten uns zu essen, machten für uns Besorgungen oder setzten sich einfach schweigend zu uns. An diesem Tag verstanden wir wirklich, was es heißt, in seiner Liebe geborgen zu sein. Trotzdem wünschte ich mir sehr zu erfahren, was Christinas Krankheit zu bedeuten hatte, warum Gott uns dieses läuternde Feuer zumutete? Ich spürte, daß der Herr Christina in ihre himmlische Heimat heimholen wollte. Warum er das tat, wußte ich nicht, aber ich glaube, Gott war so gnädig, mich so darauf vorzubereiten, daß ich seinen Willen akzeptieren konnte.

Am nächsten Morgen erhielten wir in aller Frühe einen Anruf vom Krankenhaus, wir sollten bitte sofort kommen. Es waren gerade erst 48 Stunden vergangen, seit ich mit Christina in die Klinik gefahren war. Wieder brachten wir Steven unter und rasten ins Krankenhaus. Dort mußten wir uns dann erneut gedulden. Von Christina wurde eben ein Computertomogramm gemacht, und das würde voraussichtlich eine dreiviertel Stunde dauern.

Es vergingen mehr als zwei volle Stunden – ohne irgendeinen Bescheid. Ob die Schwestern wußten, was vielleicht schiefgelaufen war? Sie riefen im Röntgenzimmer an und erfuhren dort, daß gerade in dem Augenblick der Strom ausgefallen war, als Christinas Aufnahmen entwickelt wurden. Die Techniker hätten noch versucht, sie zu retten, indem sie die Maschine an den hauseigenen Notstromgenerator anschlossen, aber das hatte nicht geklappt.

Während Christina auf die Intensivstation zurückgebracht wurde, bemühten sich die Techniker immer noch vergeblich um die Bilder. Später hörten wir, daß im gesamten Südteil der Insel der Strom ausgefallen war. Das hatte bestimmt technische Ursachen, aber ich glaube fest, daß es auch geistliche gab. Auf diese Weise hatte nämlich Steve sehr viel mehr Zeit, in aller Ruhe einen Vorschlag der Ärzte zu bedenken: Es war davon die Rede gewesen, die Geräte abzuschalten, die Christinas Körper am Leben erhielten. Aber Steve war nicht wohl dabei, denn einige Wochen vorher hatte er in seiner katholischen Gemeinde eine Predigt über Sterbehilfe gehört. Die Aussage war eindeutig: „Niemals dürfen wir den Stecker herausziehen, unter keinen Umständen." Das hatte Steve nachhaltig beeindruckt. Er war kein Mann, der die Meinung eines ordinierten Priesters in Frage stellte. Dennoch hatte er keinen Frieden bei dem Gedanken, daß unsere kleine Christina an Maschinen hing, bloß damit ihr Körper weiter funktionierte, denn schon jetzt war ganz deutlich, daß unsere Christina nicht mehr in diesem kleinen leblosen Körper war, der so still dalag. Das war uns ebenso klar wie dem medizinischen Personal und unseren Freunden.

Wenn an jenem Tag mit den Bildern alles normal verlaufen wäre, hätten uns die Ärzte schwarz auf weiß zeigen können, wie der Zustand unserer Tochter war. Damit wären wir aber auch zu einer Entscheidung für oder gegen das Abschalten genötigt gewesen, ohne daß Steve inneren Frieden darüber hätte finden können. Er hätte sich dann vielleicht zeitlebens vorwerfen müssen, Christinas Leben zu früh beendet zu haben. Aber in seiner Weisheit und Sanftheit verstand Gott, daß Steve Zeit brauchte, um die ganze Sache wirklich mit dem Kopf und dem Herzen abzuwägen, und in seiner Barmherzigkeit schenkte er Christina einen weiteren Tag.

An einem Donnerstag baten wir den Kaplan unserer Gemeinde, mit uns einen Gottesdienst zu feiern, in dem wir Christina dem Herrn anbefehlen wollten. Wir luden viele Freunde dazu ein und versammelten uns im Personalraum neben der Intensivstation. Wir reichten einander die Hände, weinten, beteten und sangen zum Herrn und baten ihn, daß er sich in all dem verherrlichen möge. Es war ein wunderschöner Gottesdienst. Einmal mehr erlebten wir einen tiefen Frieden. Mir kamen dabei die Worte aus Philipper 4,6-7 in den Sinn: „Sorgt euch um nichts, sondern in allen Dingen laßt eure Bitten in Gebet und Flehen mit Danksagung vor Gott kundwerden! Und der Friede Gottes, der höher ist als alle Vernunft, bewahre eure Herzen und Sinne in Christus Jesus."

Nach dem Gottesdienst waren Steve und ich uns der Liebe Gottes wieder ganz neu gewiß. Wir wußten nun, daß er Christina zu sich heimholen würde. Ich erzählte Steve von den verschiedenen Schritten, die mich Gott geführt hatte, bis ich das schließlich annehmen konnte:

Als Christina in ihrer ersten Nacht im Krankenhaus ins Koma fiel, hatte ich noch gedacht: *„Sie wird wohl einen bleibenden Hirnschaden davontragen. Gott wird mir zeigen, wie ich damit umgehen soll; aber das ist in Ordnung so, wenn sie nur wieder nach Hause kommt!"* Am nächsten Morgen hatten dann ja die Ärzte gemeint, wir könnten sie vielleicht wieder mitnehmen, auch wenn sich ihr Zustand weiter verschlechtern würde, und wie sie so dalag zwischen den Maschinen und allmählich wegdämmerte, da dachte ich: „Gut, Herr, wenn das dein Wille ist, dann wirst du mir auch die Kraft und die Liebe geben, es auszuhalten." Und dann mußte ich ihren Tod akzeptieren. Ich weiß nicht wie, aber durch Gottes Gnade hat es mich nicht überwältigt. Irgendwann im Laufe des Dienstags, als alle unsere lieben Freunde uns besuchen kamen, konnte ich Christinas Tod akzeptieren, und dadurch wich dann auch die belastende Angst vor dem Unbekannten. Gott wußte, warum er sie schon so früh zu sich heimholte, und irgendwie gehörte das, was wir erlebten, zu seinem Plan, Menschen näher zu sich zu ziehen.

Am Donnerstag Nachmittag verschlechterte sich Christinas Zustand rapide. Inzwischen lag sie drei Tage im Koma und zeigte keinerlei Reaktionen mehr. Die Bakterien in der Hirnflüssigkeit hatten ihren Körper zerstört. Wir konnten nur noch dasitzen und abwarten, wie lange ihr Körper zusammen mit den Apparaten wohl noch durchhalten würde.

Es war nicht so, daß wir nicht um Heilung für sie gebetet hätten. Das hatten wir sehr wohl. Aber Gott schenkte uns einen Glauben, der darüber hinausreichte. Wir konnten ihm alle Belange unseres Lebens völlig anvertrauen.

An jenem Abend besuchte uns ein Ehepaar, das wir nur flüchtig kannten. Es war bekannt, daß die beiden die „Gabe der Heilungen" hatten. Weder Steve noch ich zweifelten daran, daß Gott wirklich heilen konnte. In Jakobus 5,14-15 heißt es ja: „Ist jemand unter euch krank, der rufe zu sich die Ältesten der Gemeinde, daß sie über ihm beten und ihn salben mit Öl in dem Namen des Herrn. Und das Gebet des Glaubens wird dem Kranken helfen, und der Herr wird ihn aufrichten; und wenn er Sünden getan hat, wird ihm vergeben werden." Die ganze Woche lang hatten wir schon mit verschiedenen Pfarrern und Freunden für Christina gebetet. Es ist etwas ganz Natürliches, für Heilung und Wiederherstellung zu beten, aber als das besagte Ehepaar hereinkam, konnten sie anscheinend nur eine Heilung sehen und waren nicht in der Lage zu erkennen, daß Gott auch durch Leid Wachstum und Entwicklung bewirken kann. Sie fragten uns zwar, welchen Eindruck wir hätten, was Gott uns sagen wolle, aber als wir ihnen berichteten, was während der Woche passiert war, da wirkten sie richtig ungeduldig und wollten anscheinend nur möglichst schnell zu Christina, um ihre Gabe einzusetzen.

Sie fingen an zu beten, und Steve und ich schlossen uns ihnen an. Aber dann wurden sie immer lauter und lauter, bis sie fast schrien, und das auf der Intensivstation, obwohl dort schwerkranke Menschen lagen. Sie geboten hier und forderten das und beschworen im Namen Jesu die Heilungskraft Gottes. So ging das eine Stunde lang, bis sich Steve schließlich auf einen kleinen Metallhocker in einer Ecke setzte, den Kopf zwischen den Händen vergrub und auf den Boden starrte. Ich spürte, wie auch ich langsam unsicher wurde. Hatte Gott wirklich zu uns geredet? War Steves und mein Glaube nicht stark genug, um genauso beten zu können? Hatten wir versagt oder zu wenig geglaubt, daß es deshalb jetzt so schlimm um Christina stand? Meine Verwirrung wuchs. In mir brodelte der Konflikt. Bis zu diesem Abend hatte ich geglaubt, Gott gehört zu haben, und er hatte das bestätigt, indem er Steve unabhängig davon dasselbe gesagt hatte. *„O Gott, was gilt denn jetzt? Was willst du uns sagen?"* fragte ich.

Dann mußte ich plötzlich an meine Freundin Patty denken. Ruhig und beständig ging sie ihren Weg mit Gott. Sie würde unsere Situation jetzt besser einschätzen können als wir. Aber wie sollte ich sie jetzt erreichen? Ich ging zu Steve und kniete mich vor ihm hin. Eine Zeitlang hielten wir uns nur schweigend bei den Händen. Nach etwa zwanzig Minuten kam eine Schwester herein und holte mich ans Telefon. Ich folgte ihr aufs Stationszimmer, und als ich den Hörer nahm – war es Patty. Wie wunderbar unser Gott doch ist! Mit bebender Stimme erzählte ich ihr, was gerade los war, daß das Ehepaar schon seit über einer Stunde für Christina betete und Steve und ich anfingen, an unserem Glauben zu zweifeln. Die Art dieser Leute zu beten verursache bei uns und auch beim Krankenhauspersonal Uneinigkeit, und allen sei unwohl dabei. Denn die Schwestern und Ärzte hätten schließlich neben Christina auch noch andere schwerkranke Patienten zu betreuen. Freundlich und so bestimmt, wie das nur ein guter Freund kann, erwiderte sie mir: „Kathy, was sagt Gott *dir* denn?"

Mir fiel bei dieser Rückfrage ein Stein vom Herzen. Ich erzählte ihr, welche Eindrücke Steve und ich gehabt hatten.

Gott bereitete uns auf Christinas Tod vor. Und einmal mehr bekam ich Frieden über Gottes Plan für uns. Alle Verwirrung und Unruhe fiel langsam von meiner Seele ab. Wieder bei Steve, erzählte ich ihm von meinem Gespräch mit Patty. Jesus war immer noch Herr über jeden Sturm. Wir erkannten beide, daß Gott uns dazu aufforderte, seiner Stimme in unserem Herzen zu vertrauen. Er sprach darin zu uns ganz persönliche und konkrete tröstende Worte, denn er kümmerte sich wirklich um uns und wußte genau, was wir brauchten.

„(Wenn . . .) dein Ohr auf Weisheit achtbat, und du dein Herz der Einsicht zuneigst, ja wenn du nach Vernunft rufst und deine Stimme nach Einsicht erhebst, wenn du sie suchst wie Silber und nach ihr forschest wie nach Schätzen: dann wirst du die Furcht des Herrn verstehen und die Erkenntnis Gottes finden. Denn der Herr gibt Weisheit, und aus seinem Munde kommt Erkenntnis und Einsicht" (Spr. 2,2-6).

Das Ehepaar, das mit uns auf der Intensivstation gebetet hatte, hatte es ganz gewiß aufrichtig gemeint und uns helfen und ermutigen wollen. Aber wir waren ebenso überzeugt davon, daß Gott nicht nur körperlich heilt. Wenn wir für einen geliebten Menschen beten und keine Heilung geschieht, kann derselbe Glaube benutzt werden, um das Herz der „geliebten Hinterbliebenen" zu heilen. Wir können uns immer noch völlig auf Gottes Zusagen verlassen.

Am Freitagmorgen, dem 15. Juli 1983, prüften die Ärzte mit einem EEG noch vorhandene Gehirnströme bei Christina.

Als aber auf der Anzeige nichts erschien, erklärten sie uns, die Kleine sei bereits hirntot. Schweren Herzens willigten Steve und ich ein, alle lebenserhaltenden Geräte abzuschalten. Nachdem alle Geräte entfernt worden waren, durften wir noch einmal in das Zimmer. Eine Ärztin hob Christina sachte aus ihrem Bettchen und legte sie mir in die Arme. Ich saß in einem Schaukelstuhl, Steve direkt neben mir mit unserem Pfarrer Dan, einem engen Freund. Mit lautlosen Tränen wiegte ich sie, bis ihr kleines, zartes Herz zu schlagen aufhörte. Das dauerte nur ungefähr eine Minute, und wir wußten, daß jetzt Jesus sie in seinen Armen wiegte.

Nach etwa fünf Minuten kam eine Krankenschwester herein und nahm Christinas leblosen Körper mit. Unser Pfarrer schlug vor, daß wir hinunter in die Hauskapelle gehen und sie Gott anbefehlen sollten. Ich weiß noch, wie ich da mit Steve und Dan zusammen saß und leise „Amazing Grace" vor mich hin sang. Dann war eine Weile alles still. Wir lauschten auf Gottes Stimme und spürten, wie er unseren tiefen Schmerz langsam zu heilen begann.

Im Laufe des Tages riefen wir dann Steves Eltern an, die wiederum Liz benachrichtigten. Gott sei Dank hatte Gott selbst sie bereits auf die schlimme Nachricht vorbereitet. Sie weinte den ganzen Abend bis tief in die Nacht hinein, aber die Tränen linderten auch ihren Schmerz ein wenig.

An diesem Abend aßen wir mit Dan und seiner Frau zusammen im Offiziersclub. Anschließend stiegen wir auf einen Hügel, von dem aus man einen wunderbaren Blick über die Bucht hatte. Die Lichter der Jachten, die sich im Hafenwasser spiegelten, gingen am Horizont in den sternenbedeckten Nachthimmel über. Wir setzten uns hin, um die Stille und die Schönheit auf uns einwirken zu lassen und einfach unseren Gedanken nachzuhängen.

Dan war kein Christ, aber schon die ganze Woche lang hatte er Steve und mir viele Fragen über Gott gestellt. An jenem Abend gestand er uns, wie ohnmächtig er sich während unserer ganzen schweren Zeit gefühlt hatte. Er wußte, daß es absolut nicht in seiner Macht gestanden hätte, uns irgendwie Hoffnung zu vermitteln. Nach acht Jahren Medizinstudium, in denen er gelernt hatte, Leben zu retten, und nachdem er in all den Jahren danach nach Antworten auf die Fragen der Menschen gesucht hatte, war da immer noch diese Leere. Nie hätte er gedacht, daß er einmal an Gott glauben oder ihn nötig haben könnte. Aber nachdem er jetzt bei Steve und mir mitbekommen hätte, daß wir in dieser schweren Zeit immer wieder Kraft von Gott bekommen hätten, wollte Dan diesen Gott auch kennenlernen. Wir erzählten ihm ausführlich von der Erlösung durch Christus und darüber, daß Gott sich so sehr wünscht, daß alle Menschen ihn kennenlernen. Es setzte Dan sehr zu, daß erst ein kleines Kind hatte sterben müssen, damit er offen wurde für die Liebe des Gottes, der ihn geschaffen hatte. Trotzdem freuten Steve und ich uns darüber. Christinas Tod hatte Dans Leben geprägt und bewirkt, daß er jetzt besser verstehen konnte, wie Gott ist. Ein erwachsener Mann hatte so eine erste Ahnung von Christus bekommen. Christinas Tod war also nicht vergebens. Sie war hier auf Erden eine kleine Botschafterin für Christus gewesen.

Colby Matthew

Schon in der darauffolgenden Woche zogen wir von unserem Haus in eine der Armeeunterkünfte. Der Umzug war eine willkommene Ablenkung. Auf diese Weise blieben wir nicht in der Vergangenheit hängen, sondern mußten nach vorn schauen. Vier Tage später fand Christinas Trauergottesdienst in der Marinekapelle von Kaneohe statt. Es kamen viele Freunde und auch einzelne von Steves Kollegen aus der Hubschrauberstaffel. Wir bestatteten sie im Pali-Tal am Fuße majestätischer Berge. Die Inschrift auf ihrem Grabstein lautet: „Erwählt zur Herrlichkeit".

Schon oft hatten wir die Verheißung aus Römer 8,28 gehört: „Wir wissen aber, daß denen, die Gott lieben, alle Dinge zum Besten dienen, denen, die nach seinem Ratschluß berufen sind." Jetzt war es so weit, daß wir die Einzelteile wieder aufsammelten und einfach Gott vertrauten, damit er verherrlicht wurde.

Vier Wochen später bereitete Steve sich bereits auf seinen sechsmonatigen Seeinsatz vor. Diese voraussehbaren Trennungen waren schwer für mich und laugten mich seelisch aus. Wir wollten einander beweisen, daß wir sehr wohl ohne den andern leben konnten, und bauten Mauern um uns auf. Wir nörgelten aneinander herum und stritten uns über Belanglosigkeiten. Wenn Steve später heimkam, regte ich mich auf und dachte, er liebte mich nicht mehr. Er wiederum begutachtete den Haushalt mit Argusaugen. Als ich einmal die Küche verließ und die Schranktüren dort offen gelassen hatte, benahm er sich, als gehörte ich vor ein Kriegsgericht. Wahrscheinlich glaubten wir, daß, wenn wir beim Abschied richtig verkracht wären, die Trennung nicht so schmerzlich sein würde.

So wäre das die verbleibenden fünf Wochen vermutlich weitergegangen, aber eines Morgens rief mich der Anwalt an, der die Adoption von Christina geregelt hatte. Er sagte, er hätte den ganzen Tag an uns denken müssen und auch zuvor schon, und er wolle sein Beileid ausdrücken zum Tod von Christina. Ich bedankte mich, merkte aber, daß er noch etwas auf dem Herzen hatte. Ziemlich zögerlich berichtete er schließlich von einem Anruf aus der örtlichen Klinik. Dort war eben ein Junge geboren worden, ein wenig vor dem errechneten Termin, und das Kind sei zur Adoption freigegeben. Weil es aber zu früh geboren sei, habe man noch keine endgültige Entscheidung über die Adoptiveltern getroffen. Ob wir ihn vielleicht wollten.

Ob wir ihn wollten? Mein Herz schlug Purzelbäume. Trotzdem bemühte ich mich, einigermaßen die Fassung zu behalten, während ich sagte: „Darüber muß ich erst mit meinem Mann sprechen. Kann ich Sie zurückrufen?"

„Ja, aber Sie müssen sich sehr schnell entscheiden, also warten Sie nicht zu lange!"

Ein Baby! Ich war gespannt, aber auch ein bißchen ängstlich, was Steve wohl sagen würde. Was sollten wir tun? Ich rief ihn also auf der Arbeit an, und er war offenkundig erstaunt. Wie sollten wir so schnell eine derart schwerwiegende Entscheidung treffen? Er sagte: „Darüber muß ich erst beten, aber ich muß in sechs Minuten fliegen." Beten – natürlich, ja, wir mußten darüber beten.

Ich sagte: „Schon recht, Schatz, aber beeil dich damit. Der Anwalt hat gesagt, er braucht eine schnelle Antwort."

„Gut. Ich werde dich sofort zurückrufen", antwortete er jetzt noch aufgeregter.

Als der Anwalt angerufen hatte, hatte ich gerade auf dem Wohnzimmerfußboden gelegen und Stille Zeit gehalten. Die Bibelabschnitte für den Tag waren aus dem Jakobus- und dem 1. Timotheusbrief:

„Alle gute Gabe und alle vollkommene Gabe kommt von oben herab, von dem Vater des Lichts, bei dem keine Veränderung ist noch Wechsel des Lichts und der Finsternis" (Jakobus 1,17).

„Denn alles, was Gott geschaffen hat, ist gut, und nichts ist verwerflich, was mit Danksagung empfangen wird; denn es wird geheiligt durch das Wort Gottes und Gebet" (1. Timotheus 4,4-5).

Nachdem ich mit Steve gesprochen hatte, nahm ich meine Bibel wieder zur Hand, und als ich sie jetzt las, da sprangen mich die besagten Verse geradezu an. Ich war so aufgeregt, daß ich kaum stillsitzen konnte, während ich auf Steves Anruf wartete. Ich wußte, dieses Kind war ein Geschenk Gottes. Es waren kaum zwei Minuten vergangen, da rief Steve auch schon zurück: „Liebling, wenn dieses Kind ein Zuhause braucht, dann laß es uns ihm geben." Darauf konnte ich ihm nur vor Freude ins Ohr kreischen. Meine Gedanken überschlugen sich: *„Ein Baby! Wir werden bald ein Baby haben! In zwei Tagen muß alles bereit sein! Wie soll er bloß heißen? Danke, Herr, für diesen wunderbaren Mann!"*

Jetzt gab ich dem Anwalt Bescheid, und er sagte, er würde das Kind abholen, sobald die Mutter aus der Klinik entlassen sei. Dabei erfuhr ich, daß das Kind in derselben Klinik zur Welt gekommen war wie unser Steven, und daß derselbe Arzt die Entbindung geleitet hatte.

Zwei Tage später, es war der 25. August 1983, fand ich in der Klinik einen blonden und blauäugigen kleinen Jungen vor. Durch die Geburt war sein Gesicht noch ein wenig zerknautscht, aber mir gefiel es. Steve und ich hatten viele Namen in Erwägung gezogen und uns schließlich für Colby Matthew entschieden, weil diese beiden Namen eine zweifache Bedeutung hatten: Colby heißt soviel wie „Mann der Ehre", denn wir betrachteten es als eine Ehre, daß Gott ihm ein christliches Elternhaus beschert hatte, und Matthew bedeutet „Gabe Gottes", denn er war uns ein ganz besonderes Geschenk Gottes für unsere Familie.

Jeder, der davon hörte, daß wir so bald nach dem Tod unserer Tochter schon wieder ein Baby hatten, war zugleich schockiert und begeistert. Manche dachten bestimmt, das ginge alles viel zu schnell, oder wir versuchten, Christina durch das neue Baby zu ersetzen, aber das stimmte alles nicht. Wir dankten einfach Gott für seine Barmherzigkeit und für die Tatsache, daß er uns für den kleinen Colby sorgen ließ.

Als wir am nächsten Sonntag in die Kirche gingen, nahm

ich Colby in seinem Babysitz mit und stellte ihn zwischen der Orgel und meinen Sitzplatz im Chor ab. Vor dem Gottesdienst kam der Kaplan noch auf mich zu und fragte mich, ob ich zum Kindergottesdienst etwas abzukündigen hätte, denn ich leitete diese Arbeit ja nach wie vor. Während er sprach und dann meine Antwort hörte, betrachtete er intensiv das Kind. Die Organistin hatte zwar vor einem Monat ein Baby bekommen, aber nach seinem Blick zu schließen, hatte er gemerkt, daß bei dem Kleinen da vor ihm irgend etwas anders war. Ja, ich hätte tatsächlich eine Mitteilung zu machen, erwiderte ich und lächelte ihn an. Dann ging er, um sich auf den Gottesdienst vorzubereiten.

Kurz vor der Kollekte bat mich der Pfarrer, meine Abkündigungen zu machen. Zunächst dankte ich allen Anwesenden für ihre Gebete und Anteilnahme. Durch den ständigen Dienstwechsel beim Militär waren auch immer einige Gäste und neue Familien da. Für sie berichtete ich noch einmal von dem Tag, als wir Christina ins Krankenhaus gebracht hatten, und erzählte ihnen von der Referentin beim monatlichen Gebetstreffen. Sie hatte uns Mut gemacht, an Gottes ganz persönliche Liebe zu uns zu glauben und daran, daß er an uns seine Freundlichkeit zeigen will. Fast jeden Sonntag würde ich im Gottesdienst Ansagen machen, erzählte ich, aber heute gehe es mir wie Jeremia, als er dem Volk Israel zurief: „Da dachte ich: Ich will nicht mehr an ihn denken und nicht mehr in seinem Namen predigen! Aber es ward in meinem Herzen wie ein brennendes Feuer, in meinen Gebeinen verschlossen, daß ich's nicht ertragen konnte; ich wäre schier vergangen" (Jeremia 20,9).

Nach einer kurzen dramatischen Pause lächelte ich und fuhr fort: „Gott hat für Steve und mich ein Wunder vollbracht. Wir dürfen Euch unseren Sohn vorstellen: Colby Matthew Bartalsky."

Der Vaterstolz stand ihm ins Gesicht geschrieben, als Steve Colby aus seinem Babysitz nahm und ihn hochhob, damit ihn die Leute besser sehen konnten. Die Gemeinde brach in spontanen Beifall aus und pries den Herrn. Der Kaplan kam herbeigeeilt und erzählte: „Ich habe das Baby da bei der Organistin angeschaut und wußte irgendwie, was an dem

Kind anders war." Steve und ich strahlten. Was in uns vorging, läßt sich vielleicht am besten mit den Worten jenes alten Königs ausdrücken, der vor ein paar tausend Jahren sagte: „Ich gehe einher in der Kraft Gottes des Herrn, ich preise deine Gerechtigkeit allein. Gott, du hast mich von Jugend auf gelehrt, und noch jetzt verkünde ich deine Wunder" (Psalm 71,16-17).

Wir beide fühlten uns von Gott überreich beschenkt. Es war ein Vorrecht, daß wir ihn gemeinsam mit anderen Geschwistern loben durften, die spontan applaudiert hatten als Dank für sein wunderbares Handeln in unserem Leben. „Es danken dir, Gott, die Völker, es danken dir alle Völker" (Psalm 67,4).

In den folgenden vier Wochen stellten wir uns wieder auf eine „vierköpfige Familien-Besatzung" um – und dann auf eine dreiköpfige, denn Steve sollte schon bald in See stechen. Auch diesmal waren die Tage unmittelbar vor seiner Abreise die schwierigsten. Aber immerhin standen nun keine Mauern mehr zwischen uns. Die Trennung und das bevorstehende Alleinsein hatten diesmal mehr Gewicht als unser persönlicher Stolz. Mit Worten und auch Taten zeigten wir einander vorbehaltlos, daß wir uns liebten. Das war gerade in solchen Momenten immer besonders wichtig. Steve hatte noch allerhand geschäftliche und finanzielle Dinge zu regeln, damit ich mich nicht darum zu kümmern brauchte, und ich plante romantische Abendessen mit Steve und andere Unternehmungen und Möglichkeiten, mit ihm zusammen zu sein, so oft Steve sich von der Staffel freimachen konnte.

Einmal kam Steve dabei auf unsere Finanzen zu sprechen: „Wenn du mich in diesem Winter in einigen Anlegehäfen besuchen kommen willst, dann liegt das durchaus drin." Das äußerte er mit so ernster Miene, als hätte er gesagt: „Dieses Jahr fällt Weihnachten aus." Als mir langsam dämmerte, was das hieß und wie toll es war, lächelte er mich nur noch triumphierend an. Er wußte, daß er mich damit völlig überrascht hatte. Wir hatten schon früher einmal darüber gesprochen, daß ich ihn in Übersee besuchen könnte, aber als Christina krank geworden war, war das kein Thema mehr gewesen, und ich hatte keinen Gedanken mehr an eine solche Möglichkeit verschwendet.

Am nächsten Tag rief ich meine Eltern an und fragte, ob sie vielleicht für ein paar Monate nach Hawaii kommen und drei Wochen auf Steven und Colby aufpassen könnten. Ich wäre gerne über Weihnachten bei Steve auf den Philippinen und dann über Neujahr in Hongkong. Sie sagten zu – und scherzten, wie schwer ihnen dieses Leben im „Paradies" fallen würde . . .

Ende September lief Steves Schiff aus. Schon nach drei Tagen merkte ich, wieviel Arbeit mit den Kindern Steve mir abgenommen hatte. Colby erwies sich als anstrengendes Baby. Er schrie ständig und war oft kaum zu beruhigen. Ich fragte mich, ob das vielleicht mit der Trennung von seiner leiblichen Mutter zusammenhing. Ich tat, was ich konnte, aber er weinte trotzdem ganze Nächte durch – und ich aus lauter Müdigkeit und Hilflosigkeit mit ihm.

Mit der Zeit schien er dann doch etwas ruhiger zu werden, aber er quengelte schnell, wobei er seine dicke Unterlippe vorschob, so daß sie ein Stück über die Oberlippe hervorragte. Aber eins war sicher – er war einfach ein süßes Baby. Innerhalb von drei Monaten hatte sich sein zunächst gar nicht so niedliches Gesicht in ein wunderhübsches kleines, süßes Babygesicht verwandelt. Wenn Colby wieder einmal einen Schreianfall hatte, dann war sein niedliches Gesicht, in dem die tiefblauen Augen hinter dicken Tränen strahlten, das einzige, was ihn vor meinem Zorn rettete.

Eines Tages, Colby war inzwischen dreieinhalb Monate alt, bekam er plötzlich Fieber. Es kam ganz plötzlich, und ich ging sofort mit ihm zum Arzt. Es war derselbe, der auch Christina behandelt hatte. Als er Colby untersuchte, wurde er sehr still. Er hatte es zwar nicht ganz so eilig wie bei Christina, aber ich wußte, daß es etwas Ernstes war.

Er ging hinüber ans Telefon auf seinem Schreibtisch und wählte eine Nummer. Während er auf die Verbindung wartete, erklärte er, Colby müsse sofort für einige weitere Untersuchungen ins Krankenhaus. Ein Schauder lief mir über den Rücken, und mein Magen krampfte sich zusammen. „Was ist los mit Colby?", fragte ich. Aber der Arzt wollte nichts sagen. Er könne mir erst dann etwas sagen, wenn er die Testergebnisse vor sich hätte, er vermute jedoch, daß Colby dieselbe

Krankheit habe wie Christina. Ich drückte Colby noch enger an mich und starrte den Arzt nur an. *Sollte das wirklich möglich sein? Oh, Herr, was soll das? Was hat das zu bedeuten?* Während der Arzt alles für die Einweisung regelte, rief ich Patty an, erzählte ihr, was gerade geschah, und betete mit ihr. Ich erinnere mich noch, wie sie sagte: „Jesus, bitte, laß Kathy jetzt deine Gegenwart spüren, als säßest du auf der Fahrt ins Krankenhaus neben ihr." Ich versuchte, auf den Herrn zu schauen, und fühlte mich ein wenig besser. Aber ich konnte nicht aufhören, mich zu fragen: *Was wird mit Colby passieren? Was soll diese Prüfung?*

Auf der Fahrt ins Krankenhaus kamen alle möglichen Ängste hoch. Ich mußte durch Beten meine Gedanken in Schach halten, damit sie mich nicht überwältigten. Kaum waren wir im Krankenhaus angekommen, schickten sie uns direkt auf die Kinderabteilung. Bei den Anmeldungsformalitäten dort merkte ich, wie ich ärgerlich wurde. *Die anderen Babys sind bestimmt nicht so krank wie meines,* dachte ich. Ich wollte weinen, aber mein Stolz behielt die Oberhand. Sobald ich aufgerufen wurde, fragte ich die Mitarbeiterin dort, ob ich wieder dieselbe Kinderärztin haben könne, die auch schon Christina behandelt hatte. Fünf Minuten später wurde Colbys Name aufgerufen, und natürlich war die Ärztin erstaunt und konnte sich nicht erklären, wie ich zu einem drei Monate alten Säugling kam.

Ich erzählte ihr Colbys Geschichte, während sie ihn untersuchte. Nach ein paar Minuten unterbrach sie mich und sagte: „Wir müssen noch ein paar weitere Untersuchungen durchführen, aber ich fürchte, er hat auch eine Hirnhautentzündung." Ich hörte die Worte, aber ich war wie in einem Schockzustand und folgte der Ärztin aus ihrem Sprechzimmer.

Sie brachte mich in einen Warteraum, wo mich der Chefarzt der Kinderabteilung dann aufsuchte, während ich wartete. Er kannte mich, weil er auch für Christinas Fall zuständig gewesen war. Ehrlich gesagt hatte ich das Gefühl, er war besorgter um mich als um Colby. Das erleichterte mich ein wenig. Er erklärte mir, daß es für mich als Mutter nichts gab, womit ich die Krankheit hätte verhindern können. Es gab damals noch keine Impfmöglichkeit gegen Hirnhautentzündung, schon gar nicht für Säuglinge. Ich war ihm so dankbar, daß er sich die Zeit genommen hatte, mit mir zu reden.

Er fragte mich nach Steve, und ich erzählte ihm, er sei seit sechs Wochen wieder auf See. Er sah mich besorgt an und meinte dann, ich könne ja beim Roten Kreuz einen Funkspruch aufgeben, sobald wir den Befund hätten. Doch ich wußte nicht so recht, ob ich Steve deswegen beunruhigen sollte. Er war irgendwo auf hoher See und würde sich nur um so ohnmächtiger fühlen.

Zwei Stunden später kam die Ärztin zurück und bestätigte ihren Verdacht. Colby hatte eine Meningitis. Die gute Nachricht lautete, daß diesmal nicht Bakterien, sondern Viren die Erreger waren. Das hieß, daß Colbys Krankheit mit einer Lungenentzündung vergleichbar war, auch wenn sein Zustand so ernst war, daß er stationär behandelt werden mußte. Die Ärztin versicherte mir, man würde Colby für den Rest des Tages auf jeden Fall noch genauestens beobachten, und falls er auf die Medikamente nicht sofort anspräche, würde man ihn unters Sauerstoffzelt legen. Ich konnte Colby dann noch einen Augenblick auf dem Arm halten, bevor er auf die Station gebracht wurde.

Ich machte mich auf ins Rot-Kreuz-Büro und ließ für Steve eine Nachricht durchgeben. Bis zu seiner Antwort am nächsten Tag wußten wir schon, daß Colby wieder gesund werden würde. Er mußte nur noch ein paar Tage in der Klinik bleiben und danach weiter mit Medikamenten behandelt werden. Wir konnten also eine gute Nachricht zurückfunken, und Steve brauchte nicht nach Hause zu kommen.

Der Sinn dieser Prüfung ist mir bis heute nicht ganz klar. Warum hatte sie mir der Herr so bald nach Christinas Tod und ohne Steve in meiner Nähe zugemutet? Bis heute denke ich darüber nach und warte darauf, daß Gott mir zeigt, was ich daraus lernen sollte. Ich glaube, Gott wollte mein Vertrauen in ihn noch mehr festigen. Ich weiß, daß ich durch die Erfahrung mit Colby viele Schuldgefühle loslassen konnte, die ich im Zusammenhang mit Christinas Krankheit und Tod hatte. Dieses Mal heilte Gott mein Kind. Diesem Kind ging es bald besser. Dieses Kind kam wieder nach Hause zurück.

Übergangen

Drei Tage später wurde Colby aus dem Krankenhaus entlassen, und in der Woche darauf merkte man ihm gar nichts mehr an. Er war so lebhaft wie eh und je, und das Leben verlief wieder in ruhigeren Bahnen. Die nächsten sechs Wochen vergingen allerdings wie im Flug, auch durch die Hektik der Weihnachtsvorbereitungen. Als Leiterin des Kindergottesdienstes war es meine Aufgabe, mit den Kindern das Krippenspiel einzustudieren. Eine Probe folgte der anderen, bis schließlich jeder seinen Text auswendig wußte und halbwegs überzeugend vortragen konnte. „Der Stern des Erlösers" hieß das Stück und war mein erster Versuch, etwas literarisch Wertvolles zu schreiben. Mit den Kindern zusammen dieses Stück zum Leben zu erwecken, war für mich selbst nicht weniger spannend als für die Kinder.

Mitten in all dem Trubel bereitete ich mich auf meine große Reise vor. Zum ersten Mal würde ich meine Kinder alleine lassen, um Steve in Übersee besuchen zu können. Ich platzte fast vor Aufregung. Nur die Ankunft meiner Eltern und dieses Krippenspiel lenkten mich ein wenig ab. Zum Glück sollte die Aufführung nur wenige Stunden vor meinem Abflug stattfinden. Mein Verstand blieb auf diese Weise aktiv, meine Hände hatten zu tun, und das Packen hatte ich bis nach der Vorstellung aufgeschoben, nur für den Fall, daß ich nichts mehr zu tun haben würde.

Am 20. Dezember um 3 Uhr früh brach ich zu einem dreizehnstündigen Flug Richtung Philippinen auf. Ziemlich erschöpft hielt ich in Manila Ausschau nach Steve, den ich irgendwo in der Menge bei der hektischen, völlig überfüllten Zollabfertigung vermutete. Aber erst nachdem ich abgestempelt, versiegelt und durchgeschoben worden war, bekam ich ihn zu Gesicht. Er hatte sich einen Schnauzbart wachsen lassen! Er sah richtig toll aus! Aber von mir aus hätte es auch ein Spitzbart sein können, ich hätte es immer noch klasse gefunden (den hätte ich ihm dann allerdings wahrscheinlich nach ein paar Tagen im Schlaf abrasiert).

Er lotste mich aus dem heißen und überfüllten Flughafen heraus und verhandelte mit einem Taxifahrer über den Fahrpreis. Ich bewunderte ihn für seine Hartnäckigkeit, denn im nächsten Moment huschten wir in ein anderes Taxi. Die Nacht verbrachten wir im Sheraton-Hotel von Manila, bevor uns am Morgen ein Militärbus zu seinem Schiff im Hafen von Olangapo brachte. Auf dem Weg dorthin tat sich mir eine völlig neue Welt auf. Fast acht Stunden lang sahen wir nichts als nackte Armut, angefangen in den Straßen von Manila mit ihren schäbigen, von verdreckten Kinder überfüllten Elendsvierteln über die Dörfer auf dem Land und in den Bergen vor Olangapo, bis hin zu dieser Stadt selbst, wo alles nur noch schlimmer aussah. Die Umgebung war eine Kombination aus den Slums von New York und der Sittenlosigkeit von Las Vegas.

Als wir den Marinestützpunkt erreichten, war der Kontrast wirklich verblüffend. Es war, als wäre ich wieder in Amerika. Um mich herum modernste Technik, schöne Architektur, Offiziersunterkünfte und Baseballplätze. Steve erklärte mir alles. Mit seinen zweiunddreißig Jahren war er bis auf Südamerika und die Antarktis schon auf allen Kontinenten gewesen. Wie ein Schwamm saugte ich sein Wissen auf und wurde fast ein wenig eifersüchtig, denn ich hatte in den Staaten ein gar so behütetes Leben geführt. Manche Bilder aus dem Fernsehen kamen mir wieder in den Sinn, nur daß es jetzt nicht Bilder waren, sondern echte Menschen im echten Leben.

Steve und ich unterstützten schon seit längerem das Fil-Am-Waisenhaus von Olangapo, in dem Kinder untergebracht waren, die amerikanische Väter hatten. Jedesmal, wenn Steve auf den Philippinen war, besuchte er diese Kinder, die ihm sehr am Herzen lagen. Er machte immer wunderschöne Bilder von ihnen, einfach so, wie sie halt waren. Damit fing er sehr viel von ihrem kulturellen Umfeld ein, so daß ich beim

Betrachten immer den Eindruck hatte, ich stünde selbst zwischen ihnen und könnte mich ganz in sie hineinversetzen. Jetzt sollte mich Steve zu ihnen bringen, damit ich sie und ihre Welt hautnah erlebte.

Sobald wir uns im Offiziersblock der Kaserne eingerichtet hatten, erkundigten wir uns nach einem „Jeepney". Das sind alte amerikanische Jeeps aus dem Zweiten Weltkrieg, die sich die Philippinos zu Taxis umgebaut haben. Es gab in Olangapo Tausende von ihnen, und keines glich dem andern, denn jedes war nach dem individuellen Geschmack und Lebensstil seines Besitzers eingerichtet und dekoriert. Wir landeten schließlich bei einem, das offenbar einem Katholiken mit einer Vorliebe für Rock'n'Roll gehörte. An der Windschutzscheibe entlang wechselten sich Bilder verschiedener Heiliger, Poster amerikanischer Musiker, ein Kreuz und lange rote Troddeln ab. Nach etwa zwanzig Minuten hatten wir das Waisenhaus erreicht, und augenblicklich waren wir von einer Horde von Kindern umringt. Ich kam mir vor wie mitten in einem von Steves Fotos. Unwillkürlich suchte ich die Babies. Dort überkam mich ein Mitgefühl, wie ich es an mir noch nie erlebt hatte.

Am Nachmittag lernte ich Frau Dunn kennen, eine liebevolle Christin. Sie leitete das Waisenhaus mit einer Hingabe und Barmherzigkeit, die mich dazu brachte, mein eigenes Herz zu prüfen und die Weltmission wieder stärker in den Blick zu bekommen. Als ich sah, in welch einem Frieden sie dort in ihrer Welt ihrer Arbeit nachging, erinnerte ich mich wieder daran, wie ich als Teenager über die Mission gedacht hatte: „Wenn ich ganz mit meinem Gott leben will, dann schickt er mich bestimmt irgendwo in den Urwald von Afrika." Als ich jetzt die große Not direkt vor mir sah, merkte ich, wie egoistisch mein Denken gewesen war. Ich erkannte, daß mein Leben mehr Sinn hatte, wenn ich bereit war, das zu tun, worum der Herr mich bat. So klein und schwach ich mich auch fühlte – ich wußte doch, daß Jesus zu mir sagte: „Auch du kannst viel für mich ausrichten. Auch du kannst meine Liebe in eine Welt bringen, für die ich die einzige Hoffnung bin." Seit diesem Tag wuchs in mir der Wunsch nach einer Arbeit in der Mission.

Bei einem zweiten Besuch brachten wir für die älteren Kinder Tüten voller Weihnachtsgebäck mit. Die übrigen Ferientage verbrachten wir dann als Touristen und mit Einkäufen auf dem Markt. Zu Weihnachten gingen wir mit zwei anderen Ehepaaren von der Hubschrauberstaffel zu einem Truthahnessen; tags darauf kehrte Steve auf sein Schiff zurück, während ich ihm nach Hongkong vorausflog. In zwei Tagen sollte auch er dort eintreffen.

Hongkong berührte mich sehr viel weniger als die Philippinen. Die Stadt pulsierte wie jede andere beliebige Großstadt, nur daß die Leute anders aussahen. Ich traf Steve am Landekai wieder, gegenüber vom Hafen von Kowloon und nahe bei unserem Hotel. Im Gegensatz zu unserem schlichten Weihnachtsfest war die Silvesterfeier eine Gala aus hellen Lichtern, Lärm und Trubel an jeder Straßenecke. Aus den unzähligen Bars der Stadt dröhnten einem vertraute Melodien entgegen.

Nach drei Tagen hatten wir alles Geld, das für gegenseitige Geschenke vorgesehen war, ausgegeben. Auf der kalten, zugigen Treppe vor dem Hotel nahmen wir für die nächsten zwei Monate wieder Abschied voneinander. Ich stellte mich ganz auf meine Rückkehr und meine zwei kleinen Buben ein. Wie schrecklich hatte ich sie doch vermißt!

★

Im Februar kam Steve wieder nach Hause und stellte fest, daß seine beiden Kleinen in der Zwischenzeit ziemlich gewachsen waren. Steven war nun bald zwei Jahre alt und verblüffte seinen Vater durch seinen enormen Wortschatz. Man konnte sich schon richtig mit ihm unterhalten. Auch Colby war nicht der vierwöchige Säugling von einst geblieben, sondern hatte sich in den vergangenen sechs Monaten zu einem stämmigen Sportsmann gemausert. Man kann schon sagen, er war recht gut beieinander.

Das Wiedersehen selbst verlief sehr gut, aber drei Wochen später hatten Steve und ich den größten Krach unserer ganzen Ehe. Drei Jahre lang hatten wir uns um das große Problem herumgedrückt, daß wir zu zwei Gemeinden verschiedener Konfessionen gehörten. Ich setzte Steve immer zur Frühmesse bei der katholischen Kirche ab, und fuhr ein paar Blocks weiter zu dem Gebäude, wo der Kindergottesdienst stattfand. Wenn wir dort fertig waren, fuhren wir gemeinsam zu dem Gemeindezentrum, wo der evangelische Gottesdienst stattfand. Steve blieb dabei, ja er sang sogar im Chor mit.

Dennoch war mir klar, daß Steve das geistliche Haupt der Familie war und wir eigentlich zu derselben Gemeinde gehören sollten – und zwar zu seiner. Als Steve von seinem Einsatz auf See zurückkam, hörte ich in meiner evangelischen Gemeinde als Leiterin des Kindergottesdienstes auf. Wir wollten von jetzt an in seine Gemeinde gehen.

Um uns die Trennung etwas zu erleichtern, suchten wir uns eine katholische Gemeinde außerhalb des Stützpunktes aus, denn in der Armeekapelle fanden sowohl die katholischen als auch die evangelischen Gottesdienste statt. Gleich beim Eintreten fiel mir auf, daß es in der St.-Thomas-Kirche gar keine Heiligenfiguren gab, zu denen ich vielleicht hätte beten sollen. Das fand ich schon vielversprechend, und als dann die Gemeinde auch noch bekannte Lobpreislieder sang, dachte ich: *„So schlimm ist das hier gar nicht."*

Aber die Ansprache! Als dann der Gastprediger, ein Bischof, aufstand und das Wort ergriff, brachte er so ziemlich jede Lehrmeinung aufs Tapet, die ich ablehnte. In mir sträubte sich alles, und als wir wieder aus der Kirche gingen, war ich richtig wütend.

Unmöglich, mich selbst solchen Lehren auszusetzen, geschweige denn meine Kinder. Steve hatte im vergangenen Jahr seine Bibel einmal von vorne bis hinten durchgelesen. Ich wußte, daß Gott an ihm wirkte und daß auch er nicht von ganzem Herzen all das bejahen konnte, was der Bischof gesagt hatte. Aber er kannte nichts anderes als die katholische Kirche und wollte einfach das Wichtigste abgehakt haben.

Zwei Tage lang konnte ich nicht einmal mit Steve reden. Eines Abends dann, zwei Tage nach dem besagten Gottesdienst, fingen Steve und ich beim Verspeisen eines Auflaufs wieder an, miteinander zu reden. Ich hatte wegen dieser ganzen Sache gebetet, und ich wußte, daß ich Steve meine Einwände gegen manche Lehren der katholischen Kirche eingestehen mußte. „Mir widerstrebt der Gedanke, daß du glauben könntest, deine Mutter schmort jetzt im Fegefeuer wegen irgendetwas, das sie getan oder unterlassen hat. Christus ist doch für ihre Sünden gestorben. Er ist ihr Erlöser. In der Bibel steht doch, daß Jesus Christus den Zorn des Vaters über unsere Sünden auf sich genommen hat. In der Bibel steht ganz klipp und klar, daß der Zorn Gottes nicht denen gilt, die in Jesus Christus sind. Natürlich formt er uns durch Situationen in unserem Leben immer mehr nach dem Bild seines Sohnes, aber dieses Formen geschieht nur aus Liebe."

Ich wollte dadurch die Mauern zwischen uns niederreißen, damit wir wieder in Einheit vor Gott standen. Der Gedanke, unsere Kinder mitten im Getümmel geistlicher Auseinandersetzungen großzuziehen, war erschreckend. Es war bestimmt nicht im Sinne unseres Herrn, wenn wir uns mehr Gedanken um unsere Denomination machten als um sein Heil. Ich erklärte Steve: „ Ich bin richtig wütend über die ganze Sache, aber ich habe Gott versprochen, da hinzugehen, wo du als mein geistliches Haupt hingehst, und ich weiß, daß der Herr mir Frieden schenkt, wenn ich an diesem Punkt gehorsam bleibe. Aber du bist vor Gott dafür verantwortlich, daß deine Familie eine gute biblische Lehre bekommt und dieser Keil zwischen uns wieder verschwindet."

Steve hatte Mühe mit seinem Verständnis der Wahrheit, und mir war eigentlich jede Art von Streit zuwider. Aber noch mehr zuwider war mir die Tatsache, daß ich bei diesem Thema so aggressiv wurde. Warum konnte ich nicht einfach Ruhe geben und mich darauf verlassen, daß Gott Steves Herz verändern würde? Aber egal, ob es unangebrachter Eifer war oder einfach Aufrichtigkeit – ich konnte nicht den Mund halten. Steve war mit der Überzeugung aufgewachsen, daß die römisch-katholische Kirche die einzig wahre sei. Wie sollte er sie hinter sich lassen können? Der Kern seiner Ängste kam heraus, als er mich fragte: „Wenn ich aus der katholischen Kirche austrete, heißt das dann nicht, daß ich meine Familie über Gott stelle?"

„Fragen wir doch gemeinsam den Herrn, in welcher Gemeinde er uns haben möchte", schlug ich vor.

Steve gab einen tiefen Seufzer von sich, kam dann aber zu

mir herüber und umarmte mich fest. Die Schlacht war vorüber, und Gott war Sieger.

Als wir an jenem Abend noch ein bißchen im Bett lasen, rutschte Steve zu mir herüber und fragte neckend: „Na, wohin gehen wir denn morgen zum Gottesdienst?" Ich mußte lachen. Es war so ein Segen, Steve zum Mann zu haben. Einer lernte vom andern, und wo viele andere Ehemänner hart und wortlos reagiert hätten, leitete er unsere Familie behutsam und verständnisvoll.

Am nächsten Morgen gingen wir in die Golgatha-Gemeinde, eine Episkopalkirche. Jeder von uns sprang dabei über seinen Schatten. Aber der Herr ließ uns in seiner Barmherzigkeit beide eine Phase der Verwandlung durchmachen. Es wurde dort jeden Sonntag eine Messe gefeiert, wie es Steve gewohnt war, aber ich war angenehm überrascht, daß es kein steifer Ritus war, sondern ganz im Gegenteil: Mit den anderen Gläubigen dort das Brot zu brechen, das war, als erschiene man jede Woche gemeinsam vor dem Thron Gottes.

Eines Abends, als Steve Dienst hatte, besuchte ich in der neuen Gemeinde eine Bibelstunde, in der es um die Lehre der Episkopalkirche ging. In allen Äußerlichkeiten hatte die Calvary-Episkopalgemeinde Ähnlichkeit mit einer katholischen Gemeinde, aber hier wurde eine jede umstrittene Lehre ausdiskutiert. Pater Sarge ging auf alle meine Fragen geduldig ein. Zufrieden und mit größtem Respekt vor ihm und seiner Gemeinde ging ich wieder nach Hause.

Nachdem die Frage der Gemeindezugehörigkeit abgehakt war, gab es nur noch die leisen Bedenken wegen Steves Beförderungsausschuß, der im Mai wieder tagen sollte. Wir wußten, daß Steve alle Anforderungen der Armee erfüllt hatte – ja sogar noch einiges darüber hinaus geleistet hatte. Er war besonders ausgezeichnet worden für die logistische Vorbereitung seiner Staffel auf das Manöver, er wurde als der zweitbeste von insgesamt neunzehn Hauptleuten geführt, er hatte jetzt die nötige Erfahrung in der Verwaltung, und er hatte die erforderliche Zeit auf See abgeleistet. Er hatte alles Menschenmögliche getan.

Wir versuchten, das Thema Beförderung möglichst hintan

zu stellen und stattdessen wieder unser Familienleben zu genießen. Steve kümmerte sich rührend um die Jungen. Er war immer zur Stelle, wenn die Windeln gewechselt, ein hungriger Bauch gefüttert oder auch einmal ein Klaps verteilt werden mußte. Jeden Abend kamen wir im Kinderzimmer zum Singen und Bibellesen zusammen. Wie oft saß Steve da mit einen Buben auf jedem Bein, und ich dachte zurück an unsere lange Autofahrt durch die Wüste vor vier Jahren, als er mir „Der alte Mann und das Meer" vorgelesen hatte. Inzwischen waren wir eine Familie geworden, in der wir lernten, uns gemeinsam weiterzuentwickeln und den Herrn lieb zu haben.

Als Entschädigung für seine lange Zeit auf See wollte Steve mit den Buben etwas Besonderes unternehmen. Verschiedenes wurde erwogen und wieder verworfen, bis er schließlich zu dem Entschluß kam, jeden Samstagmorgen mit den Jungen Frühstücken zu gehen, damit Mama ausschlafen konnte. Für die Jungen wurde das ein besonderer Anlaß, daß sie anfingen, mich zu necken, indem sie sagten: „Du bist ein Mädchen, also kannst du nicht mit!", und mit etwas Unterstützung von ihrem Vater, gaben sie mir dazu noch den Spitznamen „Faulpelz" – damit konnte ich für ein paar Stunden mehr Schlaf allerdings gut leben. Eines schönen Nachmittags, als ich gerade Steves Mittagessen zubereitete und die Jungen ihr Mittagsschläfchen hielten, hörte ich sein Auto auf der Auffahrt. Er war sehr schweigsam, und als er in die Küche kam, sagte er: „Ich habe es nicht geschafft. Sie haben mich nicht befördert." Mir ging ein Stich durchs Herz. Ich hätte das gern für einen schlechten Witz gehalten, aber ein Blick in sein Gesicht belehrte mich eines Besseren. Wir umarmten einander, und langsam wurde uns das ganze Ausmaß der Bedeutung dieser Worte klar. Wir mußten Abschied nehmen von der Marine und all den Sicherheiten, die sie bot, und das war, besonders für Steve, verheerend. Wieder brach unsere Welt zusammen.

Im Ungewissen

Ich ging zurück an den Herd, wo die Butter bereits in der Pfanne brutzelte. Verschiedene Möglichkeiten rasten mir durch den Kopf. War es wirklich wahr? War es möglich, daß sich jetzt die Träume von Missionsarbeit, über die wir auf den Philippinen gesprochen hatten, erfüllen würden? Gab es etwas Gutes an dieser scheinbar nur schlimmen Situation? Auf keinen Fall wollte ich jetzt durch irgendwelche Gemeinplätze, die mehr schaden als nützen würden, die Lage entschärfen. Aber ich wollte Steve ermutigen, und ich wußte, daß meine Gedanken vom Herrn kamen.

So sagte ich aufmunternd, aber mit ernstem Unterton: „Liebling, jetzt können wir überall hingehen, wo uns der Herr haben möchte. Hast du daran schon gedacht?" Er wirkte nachdenklich. Dadurch ermutigt, hakte ich konkreter nach: „Schau mal, Steve: Wir könnten als Missionare zurück auf die Philippinen gehen." Das muß sich ziemlich idealistisch angehört haben, aber wir hatten jetzt wirklich eine ganze Reihe von Möglichkeiten. Wir liebten beide die Philippinen, und immer nur Geld zu geben war uns auf Dauer zu wenig. Jetzt hatten wir vielleicht die Chance, etwas ganz Praktisches zu tun. Steve war immer offen gewesen für den Willen Gottes, und obwohl das Scheitern seiner Beförderung ein heftiger Rückschlag für ihn war, begann er schon, sich mit dem Gedanken vertraut zu machen, daß es noch ein Leben nach der Marine gab. Er hatte selber oft Psalm 75 zitiert, wo es heißt: „Denn es kommt nicht vom Aufgang und nicht vom Niedergang, nicht von der Wüste und nicht von den Bergen, sondern Gott ist Richter, der diesen erniedrigt und jenen erhöht" (Verse 7 und 8).

Beim Essen meinte Steve: „Vielleicht mußte Gott mir erst einen Schlag auf den Kopf versetzen, damit ich auf ihn höre." Ich mußte lachen bei der Vorstellung, wie Gott mit einem riesigen Knüppel hinter Steve steht, ihm eins draufgibt und Steve dann am Boden liegt und nur noch Sternchen sieht. Ich wußte auch nicht, ob Gott ihn tatsächlich geschlagen hatte oder nicht, aber ich freute mich doch, als ich in seinen Augen eine neue Hoffnung leuchten sah. Hauptsache, wir wußten, daß Gott Herr der Lage war.

Am Ende unserer Mahlzeit war Steve wie ausgewechselt. Es ging ihm schon viel besser. Es trifft einen zwar immer sehr hart, wenn man abgelehnt wird, aber in diesem Fall war es vielen anderen gut ausgebildeten Männern genau so ergangen. Das Militär war einfach kopflastig geworden. Statt die bereits gut ausgebildeten Männer zu behalten, wollte man lieber junge und frische Leute direkt von der Schule. Das hieß für uns, daß wir jetzt wirklich alles von Gott erwarten mußten. Er würde schon wissen, wofür er uns außerhalb der Marine gebrauchen wollte.

Am selben Nachmittag rief uns die Frau eines anderen Marineoffiziers an und erzählte mir, daß auch ihr Mann nicht befördert worden sei. Sie war erbost über diese Entscheidung des Beförderungsausschusses. Ich konnte ihr zureden, wie ich wollte. Für sie gab es einfach kein Leben ohne Marine. „Wie können die einem nur so etwas antun?", weinte sie. Sie hatte ihre Sicherheit und ihren Wert ganz von dieser Beförderung abhängig gemacht. Am Ende unseres Gesprächs war sie noch genauso wütend wie zu Beginn.

Zwei Monate später erfuhr ich, daß sie von der Insel weggezogen war und die Scheidung eingereicht hatte. Sie hatte auf die gleichen Umstände völlig anders reagiert als wir. Wir durften auf Gott hoffen und hatten einen Frieden, der größer war als die Lebensumstände.

Nun begann die Stellensuche. Die Marine räumte uns eine sechsmonatige Kündigungsfrist ein. Steve hatte sorgfältig sehr genaue und aussagekräftige Bewerbungsunterlagen zusammengestellt und innerhalb weniger Wochen zweihundert Bewerbungen abgeschickt. Bis auf eine Ausnahme erhielten wir überall die Standardauskunft: „Vielen Dank für Ihr Interesse an unserer Firma. Zur Zeit haben wir leider keine geeignete Stelle für Sie frei, aber wir wollen Ihre Unterlagen gerne einige Zeit behalten..."

Die eine positive Antwort kam von „Intercristo", einer christlichen Stellenvermittlung, die uns auf die Helimission hinwies, ein christliches Werk in der Schweiz. Steve schickte sofort seine vollständigen Unterlagen dorthin ab. Schon bald danach rief ihn Ernst Tanner im Büro an.

Dabei erläuterte er Steve einige Grundsätze der Arbeit des Missionswerkes. Die Helimission ist ein überkonfessionelles Werk, das in Afrika Hubschrauber stationiert hat und dort die Missionsarbeit aller größeren Denominationen unterstützt. Ernst brauchte unbedingt christliche Piloten, die in erster Linie an Gott und erst dann am Fliegen hingen. Es sollten Piloten sein, die nicht nur Flugstunden sammeln wollten, um dann später in den Vereinigten Staaten bessere Jobs zu bekommen, sondern solche, deren oberstes Anliegen die Verbreitung des Evangeliums war.

Als Steve mir abends von diesem Gespräch erzählte, wußte ich: Genau das hatten wir gesucht. Dem Herrn als vollzeitliche Missionare dienen – ich konnte es kaum glauben. Jesus hat gesagt: „Alle Dinge sind möglich dem, der da glaubt" (Markus 9,23). Ja, das stimmt, aber doch bedrängten uns bald ganz praktische Fragen. Die größte war die nach unserem Lebensunterhalt. Ernst hatte uns nämlich von Anfang an darauf hingewiesen, daß wir dafür selbst sorgen müßten. Für uns wäre das eine Summe von etwa 1.500 Dollar im Monat, gerechnet auf drei Jahre. Als wir daraufhin einmal unsere laufenden Ausgaben zusammenzählten und dazu die Verpflichtungen für Ratenzahlungen, kamen wir auf eine erschreckend hohe Summe, die weit über dem von Ernie genannten Betrag lag. Das ganze Unterfangen rückte in weite Ferne. Wie sollten wir andere Leute darum bitten, uns mit ihrem sauer verdienten Geld zu unterhalten und obendrein unsere offenen Rechnungen zu bezahlen? Ausgeschlossen. Wir schrieben noch ein paar Brief in die Schweiz und legten dann die ganze Sache vorerst zu den Akten.

Ziemlich entmutigt machten wir uns an den Umzug zurück aufs Festland. Wir packten unseren Hausrat zusammen, den die Marine bis zu einem Jahr lagern mußte. Im Oktober 1984 verließen wir Hawaii.

Steve flog zu seinem Vater nach Tucson in Arizona und suchte dort im Südwesten nach Arbeit. Ich selber flog mit den Kindern in den Nordosten nach Pennsylvania, damit außer meinen Eltern auch meine übrige Verwandtschaft sie endlich kennenlernten. Von dort aus, so hatten wir abgemacht, würde ich dann mit dem Bus Richtung Süden nach North Carolina fahren und bei unserem Strandhaus nach dem Rechten schauen. Wir hatten es ja vor unserer Abreise nach Hawaii vermietet. In der Zwischenzeit wollte meine Schwägerin Colleen die Jungen hüten.

In Atlantic Beach wurde ich von einer Woge der Nostalgie überrollt. Dort hatten Steve und ich uns kennengelernt, und genau genommen war unser Strandhaus dort unser erstes gemeinsames Zuhause gewesen. Ich holte im Maklerbüro den Schlüssel ab und fuhr dann mit meiner Freundin Kathi, die zusammen mit ihrem Mann auf dem Cherry-Stützpunkt angestellt war, zu dem Haus. Der Anblick, der sich uns bot, war unglaublich.

Die Mieter waren ein Ehepaar mittleren Alters, das gern angelte, und viel mehr hatten die beiden auch anscheinend nicht gemacht. Weil sie zum besagten Zeitpunkt nicht da waren, konnten wir uns ein wenig umsehen – igitt! Das Haus war in einem katastrophalen Zustand. Alles war völlig verdreckt! Überall lag Müll herum. Teppiche und Möbel stanken nach irgendwelchen Haustieren, in der Küche stapelte sich überall schmutziges Geschirr, die Zimmerdecken hatten Löcher, und im Eßzimmer lag ausgeschüttete Katzenstreu herum. Die Toiletten waren anscheinend seit dem Einzug des Paares nicht mehr geputzt worden, und die Waschbecken waren schwarz. Die Tiere hatten ihr „Geschäft" auf den Teppichen im Obergeschoß verrichtet, und an der Kühlschranktür klebte der bezeichnende Spruch: „Ich hasse Hausarbeit."

Wutentbrannt rief ich sofort die Maklerin an. Ihre Tochter war am Telefon und sagte, ihre Mutter sei schon nach Hause gegangen. Sie selber konnte mir nicht weiterhelfen, und so legte ich wieder auf. Ich mußte mich mit einem Termin am folgenden Tag abfinden. Während ich Kathi berichtete, was ich erfahren hatte, fingen meine Beine plötzlich an zu jucken. Als ich an mir heruntersah, stellte ich fest, daß ich mit Flöhen übersät war. Das war doch einfach unglaublich! Auf der Stelle rief ich noch einmal im Maklerbüro an und erklärte der Tochter, ich wolle mit ihrer Mutter sprechen, *und zwar sofort.* Ich würde jetzt zu ihr ins Büro fahren.

Kathi und ich trafen einige Minuten vor ihr dort ein. Den Tränen nahe, verscheuchte ich die letzten Flöhe von meiner Hose. Die ganze Zeit über betete ich, Gott möge bitte dafür sorgen, daß ich nicht die Beherrschung verlor, sondern auch in dieser Situation ihn widerspiegelte. Als die Maklerin schließlich kam, beschrieb ich ihr, was sich uns dargeboten hatte. Sie murmelte etwas von einem Besuch dort vor sechs Monaten und sie habe den Mietern gesagt, sie sollten die Toiletten sauber machen. Aber das Ganze schien ihr ziemlich egal zu sein. Als ich das merkte, fragte ich noch, was nötig sei, um die Mieter aus dem Haus zu bekommen und wies sie an, das unverzüglich zu veranlassen. Dann verließ ich das Büro und dankte Gott für seine Weisheit.

Vor dem Einschlafen ging ich noch ein Bibelwort durch, denn gerade jetzt wollte ich mich nicht von Gott entfernen. Es war Psalm 4, Verse 5 und 6: „Zürnet ihr, so sündiget nicht; redet in eurem Herzen auf eurem Lager und seid stille. Opfert, was recht ist, und hoffet auf den Herrn!"

Ich wußte genau, Gott wollte, daß ich meine Wut losließ und ihm vertraute. Es stand mir nicht zu, Rache zu üben, sondern einzig und allein ihm. Meine Sache hingegen war es, in meiner derzeitigen Situation eindeutig die Prioritäten zu setzen. Was wollte Gott in mir bewirken? Als ich das erst verstanden hatte, konnte ich handeln in dem Wissen, daß ich mit seinem Willen in Einklang war.

Es ergab sich, daß ich das Nachbarhaus mieten konnte. Dort wollte ich während der Renovierung unsres Hauses bleiben. Als ich mit dem Bus wieder zurück nach Pennsylvania fuhr, um die Jungen abzuholen, saß hinter mir ein junger Marinesoldat. Wir kamen miteinander ins Gespräch, und als er in Washington ausstieg, hatte er sein Leben Jesus übergeben. Wegen des üblen Zustandes unseres Hauses war ich zwar später als geplant dort abgefahren, um die Jungen zu holen, aber dafür hatte ein junger Mann Jesus kennengelernt. Keiner wußte etwas vom andern, wie er hieß oder wo er wohnte, aber hin und wieder denke ich an ihn und bete, daß der Same, der damals gelegt wurde, auf einem guten Boden weiterwächst.

In Pennsylvania angekommen, rief ich sofort Steve an. Wir kamen überein, daß er wohl am besten in Tucson bliebe und sich dort nach Arbeit und einer Wohnung für uns alle umschaute, während ich mit den Jungen nach North Carolina zog und das Haus wieder auf Vordermann brachte. Wir ließen uns also dort nieder und fingen sofort an, das „Stinkhaus", wie es meine beiden Söhne nannten, zu putzen. Wir ließen den Müll und Dreck abtransportieren, die Löcher in den Decken flicken, die Teppichböden reinigen und lüften und das undichte Dach reparieren. Die Toiletten mußten wir drei- oder viermal kräftig schrubben, bis sie endlich wieder weiß waren. Es dauerte einen ganzen Monat und kostete uns über 5.000 Dollar, alles zu reparieren und zu renovieren, aber dann kam der Tag, an dem ich das Haus wieder mit gutem Gewissen vermieten konnte. Der Herr fügte es so, daß ausgerechnet der Mann, der mir bei den Arbeiten am meisten geholfen hatte, unser neuer Mieter wurde. Er versprach, das Haus besser in Schuß zu halten als seine Vormieter. Das würde kaum schwierig sein, aber ich wußte, wie er es gemeint hatte.

Wieder packten meine Buben und ich unsere Koffer; nur daß die Reise diesmal etwas länger dauern würde. Wir durchquerten das Land von Nordosten nach Südwesten, wo wir von Steve in Tucson bereits sehnlichst erwartet wurden. Er hatte mittlerweile für uns eine Wohnung gefunden und dort versuchten wir, einen neuen Anfang zu machen. Wir wollten wissen, was Gott mit uns als Familie weiter vorhatte.

Bereit

Unsere erste große Herausforderung war unser von 3.800 auf 800 Dollar gesunkenes Einkommen. Steve bemühte sich verzweifelt um eine passende Arbeitsstelle. Dann und wann schien etwas in greifbarer Nähe zu sein – und rückte dann wieder in weite Ferne. Wir beschlossen, daß zunächst ich mir eine Stelle suchen sollte, solange er noch keine hatte. Ich entdeckte eine Stellenanzeige, in der eine Assistentin für einen Kieferchirurgen gesucht wurde. Steve half mir beim Zusammenstellen meiner Bewerbungsunterlagen. Ansonsten bemühte ich mich um nichts anderes, denn ich glaubte allen Ernstes, daß es bestimmt nicht viele ausgebildete Assistentinnen dieser Art gäbe, die eine Stelle suchten.

Einige Tage später wurde ich zum Vorstellungsgespräch eingeladen. Ich konnte dieses Treffen kaum erwarten und erhielt denn auch tatsächlich eine Zusage. Als ich die Stelle hatte, erfuhr ich dann recht bald, wieviel Führung im Spiel und wie blauäugig ich selber gewesen war. Auf die eine Anzeige hin hatten sich 65 Leute beworben; einer von den Bewerbern hatte sogar einen Doktortitel. Eine Plakette in der Praxis des Arztes gab mir den entscheidenden Hinweis, warum sie schließlich mich genommen hatten: Sie stammte von genau der zahnärztlichen Abteilung des Militärkrankenhauses auf Hawaii, wo auch ich zuvor angestellt gewesen war. Der Arzt, bei dem ich jetzt arbeitete, war Chefchirurg in derselben Abteilung gewesen, in der ich als Chef-Zahntechnikerin gearbeitet hatte. Über diese Gemeinsamkeit hatte Gott mir nun zu dieser Stelle verholfen.

Wieder zu Hause, machte Steve eine ziemlich große Sache daraus, daß ich schon auf meine erste Bewerbung hin etwas gefunden hatte. Er selber hatte bereits fast achthundert Anfragen verschickt. Gott führte ihn durch eine sehr schwere Zeit, und offenbar war diese meine Stelle nötig, damit er mit uns auch ans Ziel käme. Während seiner „Wüstenerfahrung" betete Steve immer wieder Psalm 13:

> *Herr, wie lange noch willst du mich so ganz vergessen?*
> *Wie lange verbirgst du dein Antlitz vor mir?*
> *Wie lange soll ich sorgen in meiner Seele,*
> *und mich ängstigen in meinem Herzen täglich?*
> *Wie soll sich mein Feind über mich erheben?*
> *Schaue doch und erhöre mich, Herr, mein Gott!*
> *Erleuchte meine Augen, daß ich nicht im Tode entschlafe,*
> *daß nicht mein Feind sich rühme, er sei meiner mächtig geworden,*
> *und meine Widersacher sich freuen, daß ich wanke.*
> *Ich aber traue darauf, daß du so gnädig bist;*
> *mein Herz freut sich, daß du so gerne hilfst.*
> *Ich will dem Herrn singen, daß er so wohl an mir tut.*

Trotz dieses Gebets mußte er einen weiteren, für ihn unglaublich harten Schlag hinnehmen. Er hatte sich um einen Verwaltungsposten auf einem entlegenen Flughafen beworben, wo gewerbliche und militärische Flugzeuge gewartet wurden. Weil der Ort gar so abgelegen war, machte er sich große Hoffnungen auf diese Stelle. Er war dafür zwar überqualifiziert, doch die Tätigkeit an sich wäre sicherlich in Ordnung gewesen.

Wir hielten es für klug, wenn wir beide dort arbeiten konnten, also schickte ich dem Personalbüro auch meine Unterlagen. Sie boten mir dann genau die Stelle an, um die Steve sich beworben hatte. Obwohl das so lächerlich war, daß wir beide lachen mußten, traf es Steve doch schwer. Trotzdem verlor er nie den Mut oder gab seinen Wunsch auf, Jesus zu vertrauen. Er bemerkte recht trocken: „Weißt du noch, beim Abschiedstreffen auf Hawaii, da hat doch einer gebetet, daß Gott die Türen schließen möge, die Satan auftut." Ich konnte über seine Geduld und seine geistliche Reife nur staunen. Ich glaube, es war ungefähr in dieser Zeit, daß wir am stärksten den Eindruck hatten, Steve sollte Gott die Fliegerei gleichsam auf dem Altar darbringen.

Fünf Monate später hatten wir in Tuscon wirklich alles versucht. Steve machte sich also regelmäßig auf ins zweihundert Kilometer entfernte Phoenix, und dort fing alles wieder von vorne an. Schon bald merkten wir, daß wir von Tuscon nach Phoenix ziehen mußten.

Mit aktualisierten Bewerbungsunterlagen fuhr ich am Samstag darauf nach der Arbeit nach Phoenix. Am folgenden Tag schaute ich mich nach einer Wohnung um. Das wollte diesmal lieber ich machen, denn Steve hatte damals eine Wohnung für uns ausgesucht, die in einer wirklich üblen Gegend lag. Hinter unserem Haus war die Notaufnahme des größten Krankenhauses der Stadt. Ständig heulten dort die Sirenen, und eine nahegelegene Düngerfabrik grüßte uns tagtäglich mit ihrem Duft, der durch die intensive Wüstensonne noch verstärkt wurde.

Am Montag hatte ich vier Vorstellungsgespräche, und am Abend bekam ich ein Angebot als Verkaufsleiterin einer großen Firma, die Abzeichen und Pokale herstellte. Am Mittwoch zogen Steve und die Jungen in unsere neue Wohnung; ich kam etwas später nach. Vor allem für Colby war der Wechsel ein großer Gewinn, denn er hatte in der alten Wohnung ständig Mandelentzündungen gehabt wegen des Sandstaubes von einem unmittelbar am Haus gelegenen Volleyballplatz.

Steve traf ein paar Leute, die ihn überredeten, es in der Versicherungsbranche zu versuchen. Er wurde neugierig und bereitete sich auf eine Prüfung vor, damit er die entsprechende Vertreterlizenz beantragen konnte. Nach einigen Wochen fand er dann eine Vertreterstelle für Lebensversicherungen, aber da hatte sich bereits ein großes finanzielles Loch aufgetan. Die Umzugskosten belasteten uns sehr. Vorauszahlungen für Gas, Strom und Wasser sowie Mietvorauszahlungen und Kautionszahlungen verschlangen unsere gesamten Ersparnisse. Und ich stand unter dem enormen Druck, ganz allein den Lebensunterhalt für die Familie zu verdienen.

Steve wußte das, und ich merkte, wie schwer es für ihn war. Alle zwei Wochen bekam ich als einzige einen Gehaltsscheck. Ich konnte mir jetzt gut vorstellen, wie schwach und unzulänglich er sich in den vergangenen acht Monaten gefühlt haben mußte, als er auf Stellensuche war. Ich war keine ideale Ehefrau, und manchmal ließ ich ihn auch merken, wie sehr mir das alles zusetzte.

Steve half mir im Haushalt, wann immer er konnte. Aber wenn ich müde und schlecht gelaunt von der Arbeit heimkam und wußte, der Rest des Abends würde mit Waschen, Kochen und Geschirrspülen draufgehen, dann geriet ich ins Klagen. Der Druck, jeden Pfennig zweimal umdrehen zu müssen, führte dazu, daß Steve und ich nicht mehr so viel Zeit zu zweit ohne die Kinder hatten. Auf Hawaii waren wir jeden Freitagabend ausgegangen; einen Freitag im Monat sogar in ein etwas vornehmeres Restaurant, damit wir es noch romantischer hatten. Eigentlich war mir klar, daß Steve wirklich alles tat, um Arbeit zu finden, aber innerlich war ich so ausgebrannt. Ich mußte enorm aufpassen, daß ich ihm keine Vorwürfe machte. Es war nicht leicht.

Eines Abends, als die Kinder schon im Bett waren, sprachen wir darüber, wie sehr wir unsere wöchentlichen Rendezvous' vermißten. Das waren immer ganz besondere Abende gewesen. Wir konnten Abstand gewinnen vom Alltag, miteinander reden und dem andern ganz nah sein. Beim Geschirreinräumen meinte Steve: „Wir sollten wieder damit anfangen."

„Das klingt gut", erwiderte ich, „aber wie soll das gehen? Ich arbeite jeden Tag, zweimal die Woche gebe ich Aerobicunterricht, und an den übrigen Abenden arbeitest du. Wenn wir mal gemeinsam zu Hause sind, dann ist das um so wichtiger für die Kinder."

Steve mußte zustimmen. Während er den letzten Teller einräumte, sagte er: „Wenn es abends nicht geht, dann eben morgens. Einmal die Woche werden wir frühstücken gehen; du kannst den Tag bestimmen."

Ja, das war die Lösung! Obwohl es für mich schon schwierig genug war, für die Arbeit aufzustehen, denn ich war die Nachteule in der Familie und Steve der Frühaufsteher. Doch dieses besondere Opfer wollte ich einmal die Woche auf mich nehmen, denn ich wußte, daß der Herr an diesem Plan beteiligt war. Ich bin sicher, daß wir uns aufgrund des ständigen Drucks getrennt hätten, wäre da nicht unsere Beziehung zu Jesus gewesen und die feste Überzeugung, daß er unser Bestes wollte. So aber erfuhren wir ganz neu, wie wichtig Kommunikation ist. Sie und Gebet bewahrten uns davor, falsche Einstellungen zu verinnerlichen, die letztlich zur Verbitterung führen.

In dieser Zeit sprach der Herr wiederholt mit uns über den Zehnten und das Geben allgemein. Er lenkte unsere Aufmerksamkeit auf Maleachi 3, 8-10, wo es heißt:

Ist's recht, daß ein Mensch Gott betrügt, wie ihr mich betrügt? Ihr aber sprecht: ‚Womit betrügen wir dich?' Mit dem Zehnten und der Opfergabe! Darum seid ihr auch verflucht; denn ihr betrügt mich allesamt. Bringt aber die Zehnten in voller Höhe in mein Vorratshaus, auf daß in meinem Hause Speise sei, und prüft mich hiermit, spricht der Herr Zebaoth, ob ich euch dann nicht des Himmels Fenster auftun werde und Segen herabschütte in Fülle.

Gott betrügen? Sollten wir tatsächlich so dreist und so blind gewesen sein? Wir nahmen uns vor, diesem Wort auch in unserem finanziellen Engpaß nachzukommen. Wir wollten Gott „prüfen"; durchaus nicht mit einer übermütigen Haltung wie „Na gut, probieren wir es mal aus und geben unseren Zehnten. Mal sehen, ob dann wirklich der Rubel rollt." Nein, wir können Gott nicht bestechen. Sein Segen ist nicht käuflich. Das hatte nach der Apostelgeschichte Simon, der Magier, vom Heiligen Geist geglaubt, und Petrus hatte ihn dafür in die Schranken verwiesen. In die Fußstapfen jenes Magiers treten und Gott verspotten wollten wir gewiß nicht.

Nein, wenn wir Gott jetzt prüften, dann war das ein Glaubensschritt. Wir sagten ihm: „Herr, seit fast einem Jahr reicht es hinten und vorne nicht mehr. Wir leben nur noch von der Hand in den Mund und wissen kaum mehr, wie wir unsere Rechnungen bezahlen sollen. Wir legen es dir hin, wie es ist. Wir wollen dir glauben und Buße tun, wo wir in diesem Bereich nicht gehorsam waren. Wir wollen so unseren Zehnten geben und spenden, wie du uns leitest."

Für beides setzten wir also einen bestimmten Betrag fest. Was wir darüber hinaus geben sollten, das würde uns der Herr schon zeigen. Auf jeden Fall sollte ihm grundsätzlich unser gesamtes Geld zur Verfügung stehen.

Weil wir Gott treu blieben, wurden wir sensibler dafür, wie er uns versorgte. Ich erinnere mich noch an den Tag, als der Rechnungsstapel aus 13 Rechnungen bestand. Ich saß daneben mit dem Scheckheft und betete: „Herr, das mußt jetzt du übernehmen. Wir wollen ein gutes Zeugnis für dich sein, und du weißt, daß wir hart arbeiten und es ernst meinen. Auf dich müssen wir vertrauen."

Ich stellte einen Scheck nach dem andern aus, und am Schluß waren auf unserem Konto gerade noch fünf Dollar. Wir hatten genug Essen im Haus, Kleider und ein Dach über dem Kopf. Gott war treu, er würde für uns sorgen.

Nachdem die Rechnungen bezahlt waren, wurde uns klar, daß wir in die typische amerikanische Falle getappt waren: haufenweise Monatsraten. Irgendwie mußten wir die loswerden und uns aus den Klauen des Kreditwesens befreien. Wir beschlossen, das Strandhaus in North Carolina zu verkaufen. Anfang Juli ließen wir es zum Verkauf anbieten. Die Renovierung hatte den Wert des Hauses um einiges gesteigert. Es wurde ziemlich hoch taxiert, fand aber dennoch innerhalb eines Monats einen Käufer.

Die Rechnungen erdrückten uns jetzt nicht mehr. Wir lobten Gott, daß er uns in diese neue Freiheit geführt hatte. Wir konnten es gar nicht fassen: Die Schleusen des Himmels hatten sich tatsächlich aufgetan. Wir aßen zwar immer noch Margarine statt Butter, tranken aus Tassen mit Werbeaufdrucken, und das spärliche Mobiliar unserer Wohnung war auch bloß gemietet. Aber der Nebel hatte sich gelichtet, und wir konnten wieder atmen.

In vier Wochen sollte die einjährige Lagerfrist für unseren Hausrat ablaufen, zu der sich die Regierung verpflichtet hatte. Aber wir konnten die Sachen aus unserem früheren Sechs-Zimmer-Haus unmöglich in unserer kleinen Drei-Zimmer-Wohnung unterbringen; schon gar nicht mit dem Klavier, das uns Steves Vater geschenkt hatte. Mehr als 450 Dollar für Miete konnten wir uns nicht leisten, denn ich hatte meine Stelle in der Trophäenfirma gekündigt und arbeitete inzwischen als Sekretärin in unserer Kirchengemeinde, und die Tatsache, daß ich dort 200 Dollar weniger verdiente, beschnitt unseren finanziellen Spielraum noch mehr. Aber dort konnte ich eng mit unserem Pfarrer, Dr. Whitlow, zusammenarbeiten, der Ausbildungsprogramme für Pfarrer in Ländern der Dritten Welt zusammenstellte und verschickte. Ich wußte, daß das Evangelium natürlich sehr viel wichtiger war als die Pokale eines Kegelvereins.

Steve und ich sahen uns unzählige Häuser an, aber je mehr wir uns umschauten, desto mehr verließ uns der Mut. Meistens lagen sie in heruntergekommenen, üblen Gegenden und waren sehr renovierungsbedürftig. Ich dachte: *Herr, ich möchte nicht, daß meine Kinder in solchem Dreck aufwachsen. Bitte zeig uns, wo wir suchen sollen.* Dann sahen wir uns Häuser an, die 100 Dollar mehr kosteten. Aber das waren ganz ähnliche Häuser, allerdings mit einem zusätzlichen Bad.

Eines Sonntags lag ich zeitunglesend auf dem Boden, als mir eine Anzeige ins Auge fiel, in der ein Haus für 650 Dollar angeboten wurde, das auch noch in einer halbwegs netten Gegend lag. Das waren happige 200 Dollar mehr, als wir veranschlagt hatten und genau der Betrag, den ich in meiner neuen Stelle weniger verdiente. Wir gingen es uns trotzdem anschauen, und es sagte uns schon auf den ersten Blick zu. Wir erfuhren dann, daß es einem Pfarrer aus Texas gehörte, der dafür gebetet hatte, daß eine christliche Familie einzöge. Das Haus war wie für uns gemacht. Aber wenn wir es trotz der fehlenden 200 Dollar mieteten, dann mußten wir dem Herrn vertrauen, daß er uns irgendwie diesen Betrag wieder beschaffte. Uns erschien das unmöglich, aber wir beteten, wir diskutierten, wir planten und hatten schließlich den Eindruck, wir sollten zugreifen. Und wirklich: Wir gerieten nicht ein einziges Mal mit der Miete in Verzug. Steve konnte immer gerade genug Verträge abschließen; und mit Hilfe des Herrn kamen wir langsam aus unserer Finanzkrise heraus. Gott hat immer für uns gesorgt. Mit unseren Möbeln und dem Hausrat aus Hawaii richteten wir uns also ein.

Wir schlossen neue Freundschaften und engagierten uns in der Gemeinde. Bei Pfarrer Whitlow redigierte und vervielfältigte ich vor allem theologische Vierjahreskurse. Diese Unterlagen konnte dann jeder Missionar beziehen, der in einem Dritt-Welt-Land eine Bibelschule gründen wollte. Für mich selbst wurde die Arbeit zu einem biblischen Intensivkurs.

Gleich zweimal ging ich Lehrmaterial durch, das für die vierjährige Ausbildung gedacht war. Ich habe dafür zwar kein Diplom erhalten, aber Gott hat es bestimmt eingesetzt, und ich habe auch persönlich oft davon profitiert. Ich bin dankbar, daß ich dort im Büro diese Erfahrungen sammeln durfte. Es blieben aber nicht die einzigen und vielleicht auch nicht die entscheidenden.

Steve liebte die Fliegerei über alles. Doch in unserer Zeit in Arizona merkte er sehr deutlich, daß Gott ihm zwei wichtige Fragen stellte:

1. War ihm Gottes Wille für ihn und seine Familie wichtiger als seine Liebe zum Fliegen?

2. Würde er auch dann noch zufrieden leben können, wenn es Gottes Wille sein sollte, daß er nie mehr flöge?

Ich bin mir nicht sicher, was genau in Steve vorging, während er sich mit diesen Fragen herumschlug, aber ich weiß, daß sein Herz Jesus gehörte. Ich habe kaum je einen Mann getroffen, der so bereitwillig diente wie er. Er diente anderen mit Liebe und Eifer und erwartete nie eine Gegenleistung. Warum also diese beiden Fragen?

Was wollte Gott ihm und mir zeigen? Ich glaube, man kann die Antwort nur rückblickend geben. Gott wußte ja, was er mit uns vorhatte, und er zeigte Steve darum folgendes: Wenn er je einmal für Jesus fliegen sollte, dann nicht, weil ihm das Fliegen halt Spaß machte und er es gut konnte, sondern weil Gott ihm den Auftrag gegeben hatte und allein zu seiner Ehre. Damit sich die Frage, die er jetzt mit sich herumschleppte, ob er das Fliegen mehr liebte als Gott, einfach nicht mehr stellte.

Ja, Gott machte uns in Arizona ein kostbares Geschenk. Durch die Erfahrungen dort wurde uns klar, daß wir bereit waren hinzugehen, wo Gott uns haben wollte. Wir waren jetzt völlig sicher, daß wir uns von ganzem Herzen das wünschten, was Gott für uns wollte. Einer der Verse, an denen Steve sich in jener Zeit festhielt, lautete: „Verlaß dich auf den Herrn von ganzem Herzen und verlaß dich nicht auf deinen Verstand, sondern gedenke an ihn in allen deinen Wegen, so wird er dich recht führen" (Sprüche 3,5.6).

Wenn wir zurückblickten auf Christinas Tod, wie weh die

Ablehnung durch die Marine getan hatte, auf den Kampf um geistliche Einheit in unserer Ehe, die finanziellen Krisen, die Lektion über den Zehnten und die Erkenntnis, daß wir Gott irgendwann in der Missionsarbeit dienen wollten – dann konnten wir an all dem erkennen, daß Gott uns vorbereitete auf einen Übergang ins Gelobte Land und auf ein Leben, das noch stärker ihm gewidmet sein sollte.

Steve verkaufte immer noch Lebensversicherungen, aber die Gesellschaft, für die er arbeitete, war noch sehr jung und wurde aus verschiedenen Gründen schon bald wieder aufgelöst. Und wieder einmal mußte er ganz von vorn anfangen. „Zufällig" rief uns just zu diesem Zeitpunkt Ernst Tanner aus der Schweiz wieder an. Er sagte nur, er wolle in unserer Gemeinde sprechen – aber wir waren unglaublich aufgeregt. Warum sollte ein Missionsdirektor aus der Schweiz extra nach Phoenix kommen, um in unserem Mittwochsgottesdienst vor etwa dreißig Leuten zu sprechen? Wir wollten uns keine falschen Hoffnungen machen, und deshalb beteten wir sofort.

Berufen

Am 26. Januar kam Ernst Tanner mit einem Karton voller Handzettel und zwei Filmen in Phoenix an. Weil er abends in der Gemeinde sprechen wollte, blieb ich im Büro, während Steve ihn vom Flughafen abholte. Wir trafen uns zunächst nur im Vorübergehen, denn er hatte nur noch eine Viertelstunde Zeit, um vor seinem Vortrag den Filmprojektor aufzubauen. Steve und ich hatten viele unserer Freunde zu dem Vortrag eingeladen, und Film wie Botschaft hinterließen bei den Anwesenden einen tiefen Eindruck; den tiefsten aber wohl doch bei Steve und mir. Die Helimission arbeitet vor allem in Afrika. Dort sollen mit Hubschraubern Stämme und Volksgruppen erreicht werden, die noch nie etwas vom Evangelium gehört haben. Die Filme und der Vortrag zeigten uns eine Welt, die von der unseren so weit entfernt war – und doch auch zum Greifen nah.

Nach dem Gottesdienst gingen Pfarrer Whitlow, seine Frau Donna, Steve und ich mit Ernst Tanner essen. Beim Essen fragte Ernst unseren Pfarrer, was er davon hielte, wenn wir beide in die Mission gingen. Dann erklärte er uns auch gleich, welche Voraussetzungen für eine Arbeit bei der Helimission erfüllt sein müßten. Ich war ziemlich still und dachte nur immer an die Möglichkeiten, obwohl Ernie uns zur Zeit gar nichts Konkretes anzubieten hatte.

Der Gast übernachtete bei uns zu Hause, und weil es sich am Küchentisch viel gemütlicher plaudern läßt, unterhielten er und Steve sich über Hubschrauber. Innerhalb einer Stunde hatten sie, glaube ich, jedes einzelne rotorenbetriebene Flugzeug erwähnt, das es gab. Auch dabei saß ich einfach schweigend da und hörte zu. Dann kam die Rede wieder auf die

Missionsarbeit. Ernst erzählte aus seinem Leben, zum Beispiel, wie er als erster Mensch die Sahara mit dem Hubschrauber überflogen hatte. Mit Sicherheit merkte er, daß Steve und ich hingerissen zuhörten.

Dann ging es um die praktischen Dinge, die nötig waren, um sich auf die Missionsarbeit vorzubereiten. Was ihm am meisten am Herzen lag, war jedoch, daß die Missionarsfrauen ganz hinter dieser Arbeit stehen mußten. Einige Pilotenfrauen hätten große Schwierigkeiten auf dem Missionsfeld, sagte er, weil ihre Männer ständig unterwegs wären, während sie zu Hause bei den Kindern blieben, und das in einem fremden Land, mit nur wenigen oder gar keinen Freunden. An diesem Punkt schaltete ich mich ins Gespräch ein und versicherte Ernst, daß Steve in allem auf mich rechnen könne. Wir erklärten ihm, daß der Herr uns in mancherlei Hinsicht auf einen solchen Weg in die Mission vorbereite.

Ernst hörte ruhig zu. Seine Erfahrung und die langen Jahre, die er schon mit Jesus lebte, wirkten auf mich beinah einschüchternd. Dann und wann merkte er etwas an oder stellte eine Frage. Schließlich riet er uns, als erstes einmal Französisch zu lernen. „Lernt einfach immer fünf Wörter pro Tag", sagte er. „Mit fünf Wörtern pro Tag kann man in Nullkommanichts eine ganze Sprache lernen." *Du hast gut reden*, dachte ich bei mir. *In Europa lernt man von klein auf mehrere Sprachen, und man ist fürs Lernen einfach besser ausgerüstet als wir. Wir Amerikaner – nun, vielleicht solltest du dich mal mit meiner Englischlehrerin unterhalten.*

Als wir nach Mitternacht merkten, wie müde Ernst war, beteten wir noch und gingen dann zu Bett. Aber zuvor sagte Ernie uns noch, daß er in einem halben Jahr vielleicht eine Aufgabe für uns hätte.

Am nächsten Morgen brachen Steve und Ernst schon früh zum Flughafen auf. Weil sich der Abflug aber verzögerte, gingen sie noch gemeinsam einen Kaffee trinken. Während des Gesprächs sagte Ernst dann zu Steves großer Freude, er habe sich schon Gedanken darüber gemacht, wie man uns vielleicht schon ab April bei der Helimission unterbringen könne. Bis dahin waren es nur noch drei Monate!

Kaum hatte das Flugzeug abgehoben, rief Steve auch schon

an, und ich rannte sofort weiter ins Büro von Pfarrer Whitlow, um ihm die Neuigkeiten zu berichten. Welche Aussichten: Afrika für Jesus, und das vielleicht schon in drei Monaten! Pfarrer Whitlow war genauso aufgeregt wie ich. Im Atlas schlugen wir die vier afrikanischen Länder nach, in denen die Helimission derzeit operierte. Allerdings holte er mich auf den Boden der Tatsachen zurück, als er erwähnte, was vorher noch alles geregelt werden müsse. Die Finanzierung unseres Lebensunterhaltes durch Spender, unser Haus mußte geräumt, unser Hab und Gut verkauft werden, und Colbys Adoption mußte bis dahin unter Dach und Fach sein.

Am nächsten Tag spazierte ich in der Mittagspause am Kanal in der Nähe unserer Gemeinde entlang, um mit dem Herrn allein zu sein. Ich hatte eine kleine Bibel bei mir und las in der warmen Mittagssonne mehrere Abschnitte darin. Ein Abschnitt sprach mich dabei besonders an: „Ja, ich erachte es noch alles für Schaden gegenüber der überschwenglichen Erkenntnis Christi Jesu, meines Herrn. Um seinetwillen ist mir das alles ein Schaden geworden ... Ihn möchte ich erkennen und die Kraft seiner Auferstehung und die Gemeinschaft seiner Leiden und so seinem Tode gleichgestaltet werden, damit ich gelange zur Auferstehung von den Toten" (Philipper 3,8.10-11).

Während ich diese Worte auf mich einwirken ließ, schien mir Gott Verschiedenes klarzumachen. Zum einen sollte der Wunsch, ihn immer besser kennenzulernen größer sein als der Wunsch, ihm auf dem Missionsfeld zu dienen. Ich sollte nicht gehen, weil ich einfach die große Notwendigkeit sah, anderen die Wahrheit seines Wortes weiterzugeben. Dort, wo ich gerade war, waren der Bedarf und die Not genauso groß. Und zweitens: Gott würde mir das afrikanische Volk aufs Herz legen. Das einzige, was ich zu tun hatte, war dorthin zu gehen. Zu den Menschen auf den Philippinen hatte ich zwar eher eine Beziehung, aber auch nur, weil ich das Land schon kannte. Zu Afrika würde ich genau so eine Beziehung bekommen, wenn ich erst einmal dort lebte, und die seltsamen Bräuche, die heidnischen Religionen und die Zauberei, die jetzt fern und bedrohlich wirkten, würden eine ganz andere Unmittelbarkeit bekommen, wenn ich erst einmal dort wäre. Es war, als sagte Gott zu mir: „Das wichtigste ist, daß du mir einfach gehorchst. Geh auf mein Wort hin und aus keinem anderen Grund. Kathy, glaubst du denn nicht, daß ich dir auch die Liebe zu diesen Menschen geben werde, die echt ist und von Herzen kommt, wenn ich dich rufe, dorthin zu gehen? Und daß diese Liebe immer tiefer wird, je länger du bei ihnen lebst und siehst, wie nötig sie mich brauchen?"

Die Mittagssonne von Arizona schien warm auf mich nieder, wie ich so an dem stillen Wasser entlang ging. Aber diese Wärme war nicht zu vergleichen mit der Wärme seiner Liebe, die ich im Herzen spürte. Selbstverständlich würde ich mein Vertrauen nicht auf menschliche Überlegungen setzen, denn unsere Wege sind nicht Gottes Wege. Ich mußte mich auf seine Weisheit verlassen, denn natürlich konnte er die richtigen Leute an den richtigen Platz stellen. Ja, es war durchaus möglich, daß Steve und ich zwar aufs Missionsfeld gehen, aber keine einzige Seele fürs Reich Gottes gewinnen würden. Wir würden entmutigt aufgeben und heimkehren, wenn wir nicht im voraus sicher waren, daß Gott uns genau dort haben wolle. Mir dämmerte langsam, daß es sogar möglich war, daß Gott mich in Afrika haben wollte, um mich noch näher zu sich zu ziehen, statt großartig auf afrikanische Seelen Einfluß zu nehmen. Ruf wie Dienst sollten allein „durch [seinen] Geist", und nicht durch „Heer" oder „Kraft" bewirkt sein (Sacharja 4,6). Das war für Steve und mich entscheidend.

Diese Aussagen erklärten die erste Bibelstelle aus dem Philipperbrief näher, über die ich nachgedacht hatte, aber mir war nicht klar, warum der Rest des Abschnitts so wichtig schien. Sollten Steve und ich unter Verfolgung zu leiden haben? Sollten wir große Zeichen und Wunder seiner Auferstehungskraft erleben? So sehr ich den Rat des Herrn suchte, ich bekam keine klare Antwort auf meine Fragen. Darum dachte ich mir, wenn ich nur von ungefähr auf diese Worte gestoßen sein sollte, dann würden sie ohnehin bald wieder verblassen. Wenn diese Worte aber wirklich „vom Herrn" waren, dann würde er auch zur rechten Zeit auf meine Fragen eingehen.

Knapp zwei Wochen später, am 12. Februar 1986, rief Ernst

Tanner wieder an. Ob wir schon am 4. März in die Schweiz kommen könnten, fragte er. Wir erwiderten, das sei uns zu kurzfristig. Wir würden aber schauen, es bis zur ersten Aprilhälfte zu schaffen. Es gab bis dahin noch Hunderte von Kleinigkeiten zu regeln und zu klären – und das in nicht einmal sechs Wochen.

Ganz oben auf unserer Liste stand die Sicherung unseres Lebensunterhaltes durch Spender, die wir selbst finden mußten. Aber wie sollten wir das in sechs Wochen schaffen? Wir hatten von Missionaren gehört, die fünf Jahre gebraucht hatten, um genügend Spender zusammenzubekommen. Colbys Adoption war ein weiterer Brocken. Die Formalitäten waren immer noch nicht alle geklärt – das mußte aber schnellstens geschehen, damit wir rechtzeitig seinen Paß beantragen konnten. Die dritte Hürde war der Verkauf unserer gesamten Habe.

Der Herr ließ uns nicht im Stich. Unsere Gemeinde in Phoenix sagte uns die Hälfte unserer Lebenshaltungskosten zu, und als ich wegen der Adoption auf Hawaii war, besuchte ich auch unsere ehemalige Gemeinde dort. Ich berichtete, welche Sicht wir vom Herrn bekommen hatten und wie er an uns gewirkt hatte. Auch dort wurde uns finanzielle Hilfe und Gebet zugesagt.

Unterdessen war Steve in Phoenix als Pizzafahrer unterwegs. Er verdiente dabei gar nicht so schlecht und wurde auf Anhieb zum „Fahrer der Woche" gekürt. Nebenbei setzte er alle Hebel in Bewegung, um unseren Hausrat und die Autos zu verkaufen. Gleich nach meiner Rückkehr aus Hawaii veranstalteten wir einen großen Garagenflohmarkt. Am meisten trauerte ich dem kleinen Flügel nach und Steve dem wunderschönen Ledersofa, das er noch vor unserer Hochzeit erstanden hatte. Wir trösteten uns damit, daß das alles ja nur „vergänglich Ding" sei. Am Ende des Tages hatten wir jedenfalls fast alles verkauft, sogar ein Auto. Die restlichen Sachen verschenkten wir oder stellten sie bei Steves Eltern in Tucson unter. Noch immer hatten wir nicht genügend Spender für unseren Lebensunterhalt zusammen, aber wir vertrauten Gott, daß er auch dafür noch sorgen würde.

Der nächste Tag war ein Sonntag. Es war der Tag, an dem

wir Abschied nehmen mußten von unserer Gemeinde, Pfarrer Whitlow und seiner Frau Donna. Noch einmal trafen wir alle unsere Freunde und einige Angehörige. Pfarrer Whitlow rief Steve und mich vor ans Pult. Steve sprach gerührt und von Herzen zu den Leuten. Es gelang ihm nicht immer, seine Tränen der Freude und der Dankbarkeit zurückzuhalten.

„Jedem von uns hat der Herr ein Talent anvertraut, genau wie den drei Knechten im Gleichnis in Matthäus 25. Der Herr wollte sehen, was sie wohl damit machen würden. Zwei von ihnen vermehrten es; der dritte nicht. Die ersten beiden handelten aus Liebe zu ihrem Herrn, nicht aus Furcht. Mir hat dieser Herr das Talent gegeben, Hubschrauber zu fliegen, und er hat mich dazu berufen, es einzusetzen und zu nutzen. Wir sind nur seine Werkzeuge, um zu helfen, aber das wollen wir aus Liebe zu ihm tun.

Ich kann jetzt keine Drei-Punkte-Predigt bieten, bei der sich die einzelnen Überschriften schön reimen. Aber ich kann dafür wie beim Militär ein Akronym nehmen: HiGeVer – Hingabe, Gehorsam, Vertrauen.

Hingabe: Die Liebe hat nicht nur etwas mit Gefühl zu tun, sondern sie ist eine Entscheidung. Wenn man in seinem Leben Gottes Liebe erfahren und erwidert hat, dann sollte man diese Liebe auch beweisen, indem man ihm gehorcht.

Gehorsam: Man muß hören, was die Bibel sagt und dann gehorchen. Ohne Wenn und Aber.

Vertrauen: Man darf ihm zutrauen, daß er alle Bedürfnisse stillt – und dazu auch die Bedürfnisse derer, die er einem anvertraut hat."

★

Der Montag war unser letzter Tag in Phoenix. Am Dienstag, dem 1. April 1986, morgens um 5.30 Uhr, sollte unser Flug gehen. Bis zur letzten Minute war auf Gottes perfektes Timing Verlaß. Es gab so viele Kleinigkeiten, die am letzten Tag noch erledigt werden mußten, und außerdem mußten wir noch unser Auto verkaufen. Gegen sechs Uhr abends waren wir ziemlich erschöpft. Wir hatten alles erledigt, aber uns fehlte immer noch ein Käufer für den Wagen. Wir fuhren also alle Händler in unserem Stadtteil ab, und innerhalb einer Stunde hatten wir es zu einem großartigen Preis verkauft. Uns blieben gerade noch zwanzig Minuten für den Rückweg in die Gemeinde, wo ich meine letzte Aerobicstunde gab. Zehn Stunden später saßen wir im Flugzeug nach Pennsylvania, unserem ersten Ziel.

Vor der Abreise nach Afrika mußte Steve noch in Philadelphia seine Fluglizenz erneuern. Zuerst blieben wir kurz bei meinem Bruder Dave, der in meinem Elternhaus in Harrisburg wohnte. Auch dort erlebten wir klar und deutlich Gottes Führung. Wir konnten unsere künftige Arbeit in der presbyterianischen Olivet-Kirche persönlich vorstellen, wo ich zum Glauben gekommen war. Auch dort wurden wir ermutigt, liebevoll umsorgt und mit Gebet und finanzieller Unterstützung auf den Weg geschickt.

Als wir die Vereinigten Staaten verließen, hatten wir alle nötigen Mittel beieinander, die wir da draußen brauchen würden. „Und wartet, ob ich euch dann nicht die Schleusen des Himmels öffne und Segen im Übermaß auf euch herabschütte" (Maleachi 3,10).

★

Während des Fluges dachte ich noch einmal an die vergangenen Monate. Gott hatte für uns weder prestigeträchtige Arbeitsstellen vorgesehen noch ein Einkommen, mit dem wir uns ein großes schönes Haus kaufen und unsere Kinder auf eine angesehene Privatschule schicken konnten. Statt dessen wollte er uns im Übermaß segnen und die Schleusen des Himmels öffnen, damit sein Reich vorangebracht und damit durch uns seine Macht verherrlicht würde. Das ist ein Vorrecht, das wir nicht begreifen können und ein solcher Segen, daß mein Herz nicht groß genug ist, um ihn zu fassen. Er hatte uns weit mehr gesegnet, als wir es verdient hatten. Ein Gefühl tiefer Ehrfurcht überkommt einen, wenn man weiß, daß man mit dem Willen Gottes übereinstimmt.

Am 8. Mai 1986, Stevens viertem Geburtstag, überquerten wir den Atlantik und waren gespannt, was die Zukunft bringen würde. Unser erstes Zwischenziel war die Schweiz. Wir sollten dort im Hauptsitz der Helimission noch einige Anweisungen bekommen. Aber schon fünf Tage später waren wir an der westafrikanischen Küste in Douala, Kamerun.

Afrika

Bei unserer Ankunft war es schon dunkel. Deshalb konnten wir uns nur noch schnell ein kleines Hotel zum Übernachten suchen. Heiß und stickig, das war unser erster Eindruck, als wir durch die Straßen von Douala fuhren, in denen geschäftiges Treiben herrschte. Belebte, überfüllte Straßen, verrückte Autofahrer, Autohupen und überall Taxis. Unser Hotelzimmer hatte nur zwei Einzelbetten. Die Buben schliefen also auf zusätzlichen Matratzen auf dem Fußboden. Während wir uns zum Schlafengehen fertigmachten, sangen wir Lobpreislieder und dankten unserem Gott, daß wir sicher angekommen waren und für das Abenteuer, das vor uns lag.

Am nächsten Morgen beluden wir einen alten Kombi, und los ging's zu einer siebenstündigen Fahrt durch die tropische Landschaft: vorbei an unzähligen Hütten, Marktplätzen und Dörfern, und am Straßenrand immer Menschen, die verschieden große Lasten auf dem Kopf transportierten. Die Sonne brannte heiß auf uns nieder. Die beiden einzigen Autofenster, die aufgingen, halfen da nicht viel. Bald schon fühlten wir uns und sahen aus, als wären wir schon seit Wochen im tiefen Dschungel. Ich kam mir vor wie mitten in einer Fotoreportage über Afrika.

Am Ende des langen Tages kamen wir in Bamena an, einer Stadt in den hohen, etwas kühlen Hügeln der Nordwestprovinz Kameruns. Gegen halb neun Uhr abends erreichten wir unser neues Zuhause, wo bereits ein Abendessen für uns bereitstand. Ich wußte zwar, daß ein Einheimischer für mich kochen würde, aber jetzt kam ich mir doch vor wie jemand von den „oberen Zehntausend". Afrika war anscheinend gar nicht so übel . . .

Schon sehr früh begrüßte uns der kommende Morgen, und recht bald entdeckte ich Scharen von Insekten, mit denen ich leben lernen mußte. Allein in der ersten Woche töteten wir Ameisen, Silberfischchen, Spinnen, Zecken, Motten, langbeinige Schnaken, Termiten und undefinierbare, wurmähnliche Krabbeltiere. Gewöhnlich leistete uns eines oder mehrere Exemplare dieses Getiers Gesellschaft beim Essen oder Baden. Wir versuchten jeweils, diese Besuche so kurz wie möglich zu halten. Unser Koch und Haushaltshelfer John wischte die Böden einmal pro Woche mit einem Zeckenmittel. Einige der Insekten, von denen ich noch nie gehört hatte, gab es nur in unserer Gegend. Ich hatte drei Lieblingssorten: die sogenannten Creechies, die Mangofliegeneier und die Milben.

Creechies sind auch unter dem Namen „Blasenkäfer" bekannt. Sie sind lang, dünn und schwarz, wie Maden, mit einem orangefarbenen Ring um den Körper. Wenn ein solcher Käfer auf die Haut gelangte, dann mußte man ihn schnell wegpusten, weil er beim Wegwischen oder Abzupfen ein Sekret absonderte, das eine große Blase hervorrief. Je weiter man es über die Haut wischte, desto größer wurden auch die Blasen, die sehr schmerzhaft waren und nur sehr langsam abheilten. Mangofliegeneier waren am ekeligsten. Der Wind blies sie auf die Kleider, die zum Trocknen an der Leine hingen. Wenn man mit einem solchen Ei in Berührung kam, bohrte es sich unter die Haut, und es entstand eine kleine Made. Um sie entfernen zu können, mußte die Made aber erst ausgewachsen sein. Die kleine Schwellung sah dann aus wie ein Pickel. Wir bestrichen sie mit Vaseline, worauf das Tierchen sich windend seinen kleinen häßlichen Kopf herausstreckte. Dann drückten wir es vorsichtig heraus, genau wie bei einem Pickel. Dabei mußte man aber sehr vorsichtig sein, um die Made nicht zu beschädigen und sich womöglich eine Infektion zu holen.

Milben waren nicht ganz so eklig, aber auch über sie sollte man besser erst nach dem Essen reden. Diese Parasiten setzen sich an den Zehen fest, und zwar dort, wo Nagel und Nagelhaut aneinanderstoßen. Auf den ersten Blick sehen sie aus wie abgestorbene Haut, aber dann erscheint ein schwarzer Punkt in der Mitte. Der wird allmählich größer. Zunächst ist es gar nicht schmerzhaft, doch die Milbe frißt einen regelrecht auf, wenn man sie nicht entfernt. Dazu muß man die abgestorbene Haut darum herum entfernen, den Parasiten herausdrücken und das entstandene Loch anschließend mit Alkohol desinfizieren.

Obwohl wir jeden Tag mit diesen Geschöpfen zu kämpfen hatten, besiegten sie uns nicht. Die Mangofliegeneier vernichteten wir mit dem Bügeleisen, und die Milben hielten wir uns mit Socken und Schuhen vom Leib. Die Creechie-Würmer waren ziemlich auffällig, und wenn man einen entdeckte, zerdrückte man ihn halt mit einem Taschentuch. Falls Gott Sie also in die Mission berufen sollte, Sie aber einen tiefen Ekel vor Insekten haben, dann darf ich Ihnen sagen, daß auch ich solches Krabbelgetier hasse. Aber Gott ist größer als jedes Insekt, dem Sie jemals begegnen werden. Mit seiner Gnade werden Sie Ihre Furcht überwinden, so daß dieses Getier schließlich irgendwie ein Teil Ihres Lebens wird. Lassen Sie sich nicht durch etwas so Nebensächliches wie einen Käfer davon abhalten, das zu tun, was Gott von Ihnen will.

Gleich in der ersten Woche in Bamenda erkundeten wir unsere nähere Umgebung und lernten einige von den anderen Missionaren kennen. Wir stellten fest, daß wir in einer Art „Vorort" einer Stadt namens Nkwen lebten. Wir wohnten auf einem Hügel, zusammen mit vier weiteren Missionaren und dem einheimischen Pastor Njemo. An der Vorderseite des Hügels lag eine Bibelschule der Full Gospel-Mission. Das Misssionarsehepaar, das die Schule leitete, wohnte mit seinen drei Kindern auf der anderen Seite der unbefestigten Straße. Direkt unter ihnen war die Druckerei der Missionsgesellschaft, die von deutschen Missionaren betrieben wurde. Sie lebten ganz oben auf dem Hügel.

Das Hauptgebäude und der Hangar der Helimission lagen auf der abfallenden Seite des Hügels. Dort lebte auch unser Mechaniker Dean Yeoman mit seiner Frau Kaylene und ihren beiden Kindern. Unser eigenes Haus lag knappe zweihundert Meter unterhalb auf der rechten Straßenseite, genau gegenüber von Pfarrer Njemos Haus. Nach hinten hatten wir einen wunderschönen Blick auf zwei Gebirgszüge, und während der Regenzeit auch auf vier Wasserfälle. Unter uns in Richtung der nächsten Anhöhe erstreckte sich ein Sumpf mit lauter tropischen Pflanzen und unzähligen Moskitos. In der Gegend verstreut sah man Hütten, Äcker und blechgedeckte Behausungen. Um ganz Bamenda herum herrschte produktives Treiben.

Bis in die Innenstadt waren es etwa zehn Autominuten. An den Straßenrändern gingen Männer, Frauen und Kinder geschäftig ihren jeweiligen Zielen entgegen. Taxis rasten durch die Straßen, hielten plötzlich unvermittelt auf offener Straße und ließen ihre Fahrgäste aussteigen. So mußten auch wir schnell lernen, wie man sich in einem Verkehr ohne Regeln verhält. Die Hauptstraße war gesäumt von unzähligen Läden, Handwerkern, Straßenhändlern und Hausierern. Schließlich kam der große offene Marktplatz. Es war ein großer unbefestigter Platz mit Ständen aus Holz, wo verschiedenste Händler ihre Waren feil boten: Gemüse, Obst, Fleisch und Grundnahrungsmittel wie Getreide. Die einheimischen Frauen plauderten unentwegt miteinander und stillten dabei ihre Kinder, aber sobald wir vorbeigingen, fingen sie an zu feilschen und zu verkaufen. Und immer versicherten sie uns, daß es ein „sehr guter Preis" sei, den sie uns machten.

Steve mochte besonders die Fleischstände. Früh morgens zerteilte der Schlachter ein Rind und stellt dann den Kopf und die Füße aus, damit die Kunden sehen können, daß das Fleisch wirklich frisch war. Die Fleischstücke, auf denen sich ganze Fliegenschwärme tummelten, präsentierte er auf einem großen Holzklotz. Der Kunde zeigte dann auf das Stück, das er haben wollte, und der Metzger wickelte es ihm in ein Stück Zeitungspapier; alles ohne viel Umstände. Es ging also auch ohne Abpacken, Tiefgefrieren, exaktes Abwiegen und computergedruckten Preis. Steve photographierte das alles, um es später zu Hause in unseren Gemeinden unter der Rubrik „Unterschiede im Alltag" zu zeigen.

Durch ein kleines Tor gelangte man vom Markt aus in eine Gasse mit lauter aneinandergereihten Tischen mit Waren jeder Größe, Form und Farbe – Schuhe, Kassetten, Küchenbedarf, Nähzeug, Spielzeug, Kosmetika, Seife, Schmuck,

Taschen, Radios, Uhren, Kleider, Decken und Schreibzeug, um nur einiges zu nennen. Man konnte sich dort stundenlang aufhalten und hatte am Ende doch noch nicht alles gesehen. Wenn wir auf etwas stießen, das uns gefiel, dann ging notgedrungen das Feilschen los. Mir machte es großen Spaß, mit den Einheimischen zu handeln, denn auf diese Weise bekam ich einen ganz direkten Kontakt zu diesen Menschen, und außerdem reizte es mich, den bestmöglichen Preis herauszuschlagen. Mein Lieblingsausdruck dabei war: „Nooo, i dear plenti!", das heißt soviel wie: „Nein, das ist viel zu teuer!" Aber wie gut der Preis auch sein mochte – immer gab es nebenan einen anderen Händler, der behauptete, er hätte mir die gleiche Ware für weniger Geld verkauft. Das Feilschen war die hohe Kunst der Händler, denn ihr Lebensunterhalt hing von ihrer Fähigkeit ab, den Preis hoch zu halten, aber beim Kunden den Eindruck zu erwecken, er mache ein Schnäppchen.

Steve und ich nahmen alles auf. Kamerun bewirkte in uns eine ganz neue Begeisterung fürs Leben und Lernen.

Wir waren gerade eine Woche in Afrika, als Steve seine erste „handfeste" Missionserfahrung machte. Alles fing ganz harmlos an. Bei einem Einsatz im Busch hatte unser Hubschrauber hart landen müssen. Dabei war der Motor der Turbine beschädigt worden. Dean, unser Mechaniker, mußte ihn vor Ort aus- und einen gemieteten Motor einbauen. Im Busch erforderte das sein ganzes Können und noch mehr Geduld, und Dean hatte bereits mehrere Fahrten zum Hubschrauber hinter sich. Ein letztes Mal mußte er jetzt noch fahren, um die Reparatur zu Ende zu bringen und den Hubschrauber nach Bamenda zurückzubringen, wo Steve und ich ihn zum ersten Mal zu Gesicht bekommen sollten. Steve sollte Dean fünf Stunden auf einer Schotterstraße in den Busch bringen, ihn dort absetzen und wieder nach Hause fahren. In der Zwischenzeit sollte Dean dann weitere fünf Stunden im Busch zu Fuß zum Hubschrauber marschieren, dort die Reparaturen beenden und dann den Hubschrauber zum Hauptquartier zurückfliegen.

Auf seiner Fahrt durch den Urwald mußte Steve an die Missionare denken, die vor ihm auf dieser Straße unterwegs gewesen waren. *So schlimm war das alles ja anscheinend gar nicht gewesen.* Es machte Spaß, mit dem russischen Geländewagen auf der holprigen Schotterpiste zu fahren. Eigentlich fühlte er sich sogar fit genug, um Dean (der sehr fit und erfahren war) auch noch auf seinen fünf Stunden Fußmarsch zu begleiten, und er wünschte sich schon, ich hätte die beiden in den Busch gefahren, so daß er Dean hätte begleiten können.

Steve setzte Dean an dem Fluß ab, den er überqueren mußte, bevor er seine Reise fortsetzen konnte, dann wendete er den Jeep und machte sich auf den Rückweg. Aber schon nach zwanzig Minuten blieb er in einem Schlammloch stecken. Was er auch versuchte, es half alles nichts; er saß fest. Er erinnerte sich daran, daß er auf dem Hinweg einen Pflug auf einem Feld gesehen hatte, und zuversichtlich ging er in die entsprechende Richtung. Den Pflug fand er recht schnell, aber weit und breit war kein Mensch zu sehen. Steve war der Meinung, die Bauern würden sicher bald zurückkommen, also setzte er sich hin und wartete. Nach zwei Stunden (so lange dauert eine übliche afrikanische Mittagspause), war immer noch niemand gekommen. Plötzlich fiel ihm ein, daß ja Sonntag war und an diesem Tag niemand mehr zur Arbeit zurückkehren würde.

Entmutigt, aber noch nicht ganz erledigt, machte er sich auf den Weg ins nächstgelegene Dorf. Über zwei Stunden lief er so in der sengenden Hitze Afrikas. Langsam begannen seine Glieder zu schmerzen und seine Muskeln waren verspannt. Er war jetzt doch froh, daß er Dean nicht auf seinem Fünf-Stunden-Marsch begleitet hatte.

An einem Bach wollte er schließlich seine Wasserflasche auffüllen und eine Pause machen. Als er sich aber am Ufer hinabbeugte, rutschte er auf einem Stein aus und fiel ins Wasser. Dabei glitt ihm seine Flasche aus der Hand und zerbrach. An den Scherben verletzte er sich die Finger. „Was will mir Gott damit sagen?" fragte er sich, während er sich aus dem Wasser zog. Es war kurz vor Beginn des Abendregens, und als er schließlich in dem Dorf Essu ankam, war er müde, alles tat ihm weh, und er war naß und hungrig. Seine Gedanken über das eigentlich gar nicht so schlimme Leben der Missionare von früher taten ihm jetzt leid.

Die Leute brachten ihn zur nahegelegenen presbyterianischen Gemeinde, wo er den einheimischen Pastor antraf, und der Herr versorgte ihn mit einer warmen Mahlzeit und einem Schlafplatz für die Nacht. Er hatte fast den ganzen Tag nichts gegessen, und deshalb konnte er es kaum erwarten, aber als die jungen Mädchen ihm Fleisch mit „Pepe" brachten, brannte es wie Feuer in seinem Mund . „Aaaah! Ist das scharf!" schrie er, griff schnell nach der Wasserflasche und trank, bis das Brennen nachließ. Nachdem er wieder zu Atem gekommen war, ließ er dann das lindernde Naß die wunde Kehle hinabrinnen, bis sich auch dort die Schleimhäute beruhigt hatten. Ihm war die Sache äußerst peinlich, und er entschuldigte sich bei seinem Gastgeber, der die ganze Szene mit staunender Erheiterung verfolgt hatte. Jetzt wurden ein paar Bananen und Brot gebracht, die Steve mit Heißhunger verzehrte. Danach fiel er völlig erschöpft auf sein typisch afrikanisches Bett, das aus einer Schaumstoffmatratze bestand.

Schon bald dämmerte wieder der Morgen, aber Steve war bereit für den neuen Tag. Er nahm sein erstes Busch-Bad, bestehend aus einem Eimer Wasser mit einem Schlauch, frühstückte und trieb dann ein Buschtaxi auf, das ihn nach Bamenda brachte. Er wirkte völlig erschöpft, als ich ihn den Hügel zu unserem Haus heraufkommen sah. In allen schillernden Einzelheiten erzählte er mir sein Abenteuer, während ich ihm zu essen gab und ihn dann in die heiße Badewanne steckte. Augenblicke später traf Dean mit dem Hubschrauber ein in Erwartung eines gebührenden Empfangs, aber Steve hatte solchen Muskelkater, daß er reglos in der Wanne sitzenblieb. Seine Achtung vor den Pioniermissionaren, die sich den Widrigkeiten des Dschungels ohne Hubschrauber und teure Geländewagen gestellt hatten, war gewaltig gestiegen.

Seine zweite „Erfahrung" machte Steve während einer Rückfahrt von Douala. Wir hatten beide in den ersten Wochen abgenommen, weil wir uns erst an das andere Essen gewöhnen mußten. Sogar unsere Hände und Finger waren dünner geworden. Steve hielt also unterwegs an und kaufte süße kleine Bananen. Zufrieden und glücklich setzte er die Fahrt fort, schälte seine Bananen und warf die Schalen zum Fenster hinaus. Bei der dritten Schale war dann leider sein

Ehering dabei. Er fuhr sofort rechts heran, wo er vom Fenster aus direkt neben dem Auto eine kleine Rinne entdeckte. Er stieg aus und suchte verzweifelt nach dem Ring – vergeblich. Er fand nur zerquetschte, breit gefahrene Bananenschalen.

Da der Hubschrauber jetzt endlich einsatzbereit war, hatten wir bald alle Hände voll damit zu tun, die gute Nachricht von Jesus Christus zu verbreiten. Das geschah auf ganz unterschiedliche Weise. Wir unterstützten einige andere Missionsgesellschaften, brachten Ausrüstungs- und Baumaterial zu Kranken- und Waisenhäusern, Schulen und Buschkirchen. Wir flogen Ärzte und medizinisches Personal zu Menschen in entlegenen Gegenden, wo sie sich ansonsten nur an den Medizinmann wenden konnten. Auch für andere Hilfswerke und für besondere Aufträge der Regierung waren wir mit dem Hubschrauber unterwegs und standen darüber hinaus für Katastropheneinsätze zur Verfügung. So konnten wir Gottes Liebe ganz praktisch zum Ausdruck bringen, und unser Zeugnis wurde dadurch glaubwürdig.

Steve und ich gingen sehr gern zu den Menschen in den Busch. Ihr Lebensstil war so einfach, ihre Nöte so groß, ihre Dankbarkeit so aufrichtig. Jede Hilfe war den Aufwand wert. Beim Gedanken an die technischen Möglichkeiten und den Reichtum Amerikas fragte ich mich, wozu das alles gut sein sollte. In diesen entlegenen Dörfern hat eine kleine Tat der Liebe mehr Bedeutung als alles, was eine Großmacht je zu bieten hat. Schon in Bamenda, wo der Westen mit seiner Kultur alles durchdrang, traf man seltener auf ein Lächeln. Auch dort war das Geschäftemachen bereits das Normale.

Das Leben bot uns hier die Gelegenheit, uns ein bißchen „Busch-Leben" ins Haus zu holen, und wir adoptierten nach und nach einen kleinen Privatzoo zusammen. Springfield, einen Deutschen Schäferhund, hatten wir gleich beim Einzug angetroffen. Diese liebenswürdige Erbschaft, die ursprünglich aus Holland kam, hatte nur einen Schönheitsfehler: Unmengen von Zecken und Flöhen. Aber weil Springfield seine eigentliche Aufgabe, nämlich Diebe vom Haus fernzuhalten, bestens erfüllte, war er dennoch nicht mit Gold aufzuwiegen. Diebe hatten nämlich panische Angst vor großen Hunden. Unser Kater hieß Kaleb. Meistens war er zum Mäusefang auf den Feldern unterwegs, und manchmal fing er auch eine für uns, die er dann mit nach Hause brachte. Kaleb war Springfields bester Freund. Wie oft fanden wir Kaleb in der Nachmittagssonne schlafend auf Springfields Bauch. Isaak war ein großer grauer Papagei, der sich selbst für den Fürsten der Haustiere hielt. Der einzige, der ihm nahekommen durfte, war Steve. Er hielt ihm seinen Finger vor den Schnabel, und Isaak fing an zu „klicken". Wir beschlossen dann irgendwann, daß der Papagei versuchte, den letzten Laut seines Namens nachzusprechen, „Isaak".

Der Familienzoo wuchs weiter. Als wir wieder einmal in Douala waren, stießen wir auf einen kleinen heimatlosen Affen, den ein Seemann ins Land geschmuggelt hatte. Der Leiter des Hotels, in dem wir uns aufhielten, sprach uns auf ihn an. Bei Steve brauchte man nicht viel Überredungskunst, und ich selber fügte mich in mein Schicksal, als ich sah, wie da die eine haarige Gestalt (mein Mann) die andere putzte. Die Buben traten ihrem quirligen neuen Freund zwar mit gemischten Gefühlen entgegen, waren sich aber mit Papa einig. So kamen wir zu unserem dritten „Sohn" namens Maggie. Ich muß gestehen, er entwickelte sich zu einem prächtigen Gefährten und ausgezeichneten Unterhalter.

Und schließlich war da noch ein Haustier, das Steve in seiner „unendlichen Weisheit" für fünf Dollar in Douala auf einem Fleischmarkt erstand. Es sah aus wie eine Mischung aus Igel, Ameisenbär und Stachelschwein, wog etwa ein Kilo und rollte sich gern zu einer Kugel zusammen. Wir merkten bald, daß es noch dazu nachtaktiv war, denn sobald es dunkel wurde, scharrte es wie wild in seiner Kiste herum, die wir ins Gäste-WC gestellt hatten. Es stellte sich heraus, daß „Josua" ein echter Ameisenbär war. Es wäre gelogen zu behaupten, er wäre mir besonders willkommen gewesen. Was sollten wir mit einem Ameisenbär? Was fraß er? Aber Steve hatte eine Idee. Er band Josua mit einer Hundeleine an Maggies Käfig hinter dem Haus und rechnete damit, daß durch Maggies Futterreste die Ameisen sowieso angezogen würden. Josua würde dann nach Herzenslust zuschlagen können. Aber ich muß zugeben, daß ein angeleinter Ameisenbär doch merkwürdig bzw. verrückt aussah.

Nach und nach schienen sich alle einzuleben. Kaleb döste auf Springfield, Maggie turnte und schnatterte in ihrem Käfig, Josua lag tagsüber wie eine lebende Kugel herum, und Isaak behielt alles genau im Auge, was sich da in seinem Reich abspielte. Alles schien seinen üblichen Gang zu gehen. Eines Tages, alles war wie immer, gaben wir John, unserem Koch, seine Anweisungen und machten uns auf den Weg nach Douala, um dort Besorgungen zu machen. Unterwegs erfuhren wir dann, daß Josua tatsächlich eine Rarität war, denn er war eine besonders seltene Art Ameisenbär: ein Gürteltier. Als eifriger Briefmarkensammler erinnerte sich Steve daran, daß er einmal eine Briefmarke mit einem Gürteltier darauf gekauft hatte und er sagte, die Marke hätte zur Serie „bedrohte Tierarten" gehört. Höchstwahrscheinlich hätten wir also Josua gar nicht als „Haustier" halten dürfen. Aber sollten wir ihn wirklich aussetzen? Wenn er eingefangen wurde, würde er einen „Buschbraten" abgeben. Bei uns waren seine Überlebenschancen jedenfalls ungleich besser. Die Entscheidung wurde uns schließlich aus der Hand genommen, denn als wir wieder heimkamen, war Josua tot. Das traf uns hart. Zu spät war uns klar geworden, wie wertvoll unser zarter Freund war.

Wenige Tage später drohte ein Buschfeuer unsere gesamte Missionsarbeit zu vernichten. Solche Feuer waren während dem „Harmattan", der Trockenzeit, an sich nichts Außergewöhnliches. Die meisten Missionare wußten, wie sie damit umzugehen hatten. Aber dieses Feuer kam sehr rasch näher. Für uns bedeutete es eine sehr große Gefahr, denn zwischen den beiden Häusern der Helimission lag ein weites Feld mit hohem, trockenem Gras. Vor den Zäunen unserer Grundstücke wurde es zwar aus Sicherheitsgründen kurz gehalten, aber die hohen Flammen hätten trotzdem leicht auf unsere Häuser übergreifen können.

Die Treibstoffässer im Hangar und der vollgetankte, startklare Hubschrauber auf seinem Asphaltlandeplatz verschärften die Lage noch zusätzlich. Tapfer kämpften die Männer gegen das Feuer an. Zum Glück kamen sie mit kleineren Hautverbrennungen und versengten Haaren an den Armen davon. Und Gott war gnädig und treu. Das Feuer kam genau bis an die Zäune unserer Grundstücke, aber unsere Häuser blieben verschont. Neben zwei anderen Gebäuden auf unserem Gelände lagen Stapel mit Bauholz. Auch dorthin gelangte das Feuer nicht. Es sah aus, als wäre es um sie herumgekrochen. Ebenso unversehrt blieben die Bäume in unserem Garten, die eigentlich hätten verbrennen müssen. Unsere Häuser waren zwar voller Asche, aber nichts war verbrannt.

Wir lobten Gott, daß er über unserem Missionswerk gewacht hatte, und einmal mehr wurde uns deutlich, wie wichtig der Hubschrauber für die Ausbreitung des Evangeliums von Jesus Christus war. Eine Arbeit, die Frucht bringt, wird immer vom Feind angegriffen, aber Gott ist Herr über die Umstände, um sich zu verherrlichen. Und es diente seiner Verherrlichung, daß wir in dieser kritischen Situation bewahrt wurden.

Das Leben in Afrika war alles andere als eintönig, und sogar Routineaktivitäten brachten ihre Freuden mit sich. Einmal nahmen wir Steven und Colby mit ins Dorf Adere. Wir sollten dort eine Krankenschwester abholen, die an einem Impfprogramm mitarbeitete. Kaum waren wir gelandet, drehte sich alles um die beiden Jungen. Den ganzen Nachmittag wurden sie von einer Horde von Kindern belagert, und sie spielten miteinander. Steven stürmte sogar durch die ganze Gruppe hindurch wie ein Fußballstürmer, der unbedingt ein Tor schießen will. Die Kinder genossen es sichtlich. Sie packten ihn und hoben ihn hoch wie den Trainer des Siegerteams. An diesem Tag war er der Größte, und er genoß jede Minute! Colby war ein wenig eingeschüchtert durch die vielen fremden Kinder. Aber als wir ihn dazu brachten, einmal seine Muskeln zu zeigen, da hatten alle ihre Freude an ihm.

Wo wir auch hinkamen in Adere, standen wir im Mittelpunkt. Die Menschen spähten sogar durch die Fenster unserer Lehmhütte, so daß Steve sich nicht einmal in Ruhe umziehen konnte. Aber trotzdem war der Abend dann noch wunderschön. Es gab Hirsekuchen und in Palmöl gebratenes Hühnchen, und bei dieser Gelegenheit erzählte man uns, wie erfolgreich das Impfprogramm war. Die Impfungen selbst wurden in der Dorfkirche durchgeführt, und vor der allgemeinen Sprechstunde wurde evangelisiert. Viele Dorfbewohner hatten Jesus kennengelernt, und obwohl die provisorischen Bänke aus runden, auf Steine gelegten Baumstämmen wirklich nicht bequem waren, waren die Lobpreislieder, die die Menschen Gott sangen, nicht weniger bewegend als in irgendeiner anderen Kirche oder einer kunstvollen Kathedrale. Müde und voller Sehnsucht nach der Badewanne verließen wir das Dorf, wieder einmal demütig und begeistert darüber, daß Gott uns am Leben der Menschen von Adere hatte teilhaben lassen und uns einen Blick darauf gewährt hatte, was er in ihren Herzen bewirkte.

Rätselhafte Katastrophe

In der dritten Augustwoche 1986 besuchte ein baptistischer Wanderevangelist das Dorf Nyos ganz oben in der Nordwestprovinz. Dort wohnen vor allem die Fulani, ein moslemischer Nomadenstamm, zu dem überwiegend Krieger und Hirten gehören. Unter ihnen verkündigte er das Evangelium von Jesus Christus. Am Donnerstagnachmittag verließ er das Dorf wieder, nachdem fünfzehn der rund achthundert Dorfbewohner sich ernsthaft für Jesus entschieden und ihn als Herrn und Heiland angenommen hatten.

Gegen neun Uhr abends entströmte aus einem Vulkansee oberhalb des Dorfes ein giftiges Gas. Es gelangte hinunter ins Tal und bis hinein in den Ort Nyos. Zu der Zeit schliefen die meisten Menschen; einige hielten sich noch an den Kochstellen auf, wieder andere standen plaudernd zusammen. Ohne Vorwarnung und innerhalb weniger Minuten wurde das Dorf Nyos von einer unsichtbaren Macht still und leise ausgelöscht.

Langsam breitete sich das Gas auch in den umliegenden Gegenden aus und riß dort ebenfalls ahnungslose Dorfbewohner in den Tod. Während das Gas auch in weiter entlegene Gebiete strömte, wirkte es selektiver. Von zwei Männern, die beieinander standen und sich unterhielten, starb der eine, der andere überlebte. Von einer Familie, die gemeinsam in einer Hütte schlief, fanden fünf den Tod; zwei kamen davon.

„Darum wachet; denn ihr wißt nicht, an welchem Tag euer Herr kommt.... Darum seid auch ihr bereit! Denn der Menschensohn kommt zu einer Stunde, da ihr's nicht meint" (Matthäus 24,42.44). Für die Menschen von Nyos war diese

Stunde schnell da. Aber in seiner Gnade hatte Gott einen Fluchtweg vorbereitet. Fünfzehn waren ihn gegangen. Fünfzehn waren treu und wach, bereit, ihrem Herrn zu begegnen. Etwa achthundert andere aus demselben Dorf waren es nicht.

Die Nachricht von der Katastrophe breitete sich im dichter bevölkerten Süden rasch aus, aber die Dorfbewohner wie die Behörden wagten sich aus Angst nicht in das betroffene Gebiet. Erst am Samstag, als Dean einen baptistischen Arzt bis zur Grenze hinaufflog, hörte er von der Sache. Schlechtes Wetter hatte ihn gezwungen, in Essu zwischenzulanden, und dort hatte ihn ein Dorfbewohner gefragt, ob er von den Todesfällen oben am See schon gehört hätte. Nein, hätte er nicht, antwortete Dean. Sobald das Wetter dann aufklarte, brachte er den Arzt und seine Leute zur Grenze, machte dann aber auf dem Rückflug nach Bamenda einen Umweg über Nyos. Als er sich dem Gebiet näherte, konnte er nur staunen über das, was er vorfand. Was einmal ein herrlich tiefblauer See gewesen war mit einem majestätischen Wasserfall, war jetzt schmutzig braun mit schwarzen und rostfarbenen Schlieren darin. Überall auf der Oberfläche trieben Trümmer. Der Wasserspiegel war um etwa 1.20 m gesunken, der Wasserfall ausgetrocknet.

Als er näher heranflog, sah er über den ganzen Hügel verstreut totes Vieh liegen. Im Dorf lagen auf fast jedem Anwesen Leichen. Als er dort einzelne Menschen herumlaufen sah, entschloß er sich zu landen. Er traf einen katholischen Priester an, und gemeinsam machten sie sich auf die Suche nach möglichen Überlebenden. Was sie auf ihrem Rundgang sahen, war grauenhaft.

Es war so still, daß man diese Stille förmlich greifen konnte. Nicht einmal die Geräusche von Insekten waren zu hören. Nyos glich einer Geisterstadt im amerikanischen Westen. Aus einem Ort, der noch vor kurzem geblüht hatte, war jetzt auf unheimliche Weise alles Leben gewichen. Die meisten Menschen waren im Schlaf von dem Gas überrascht worden. Ganze Familien lagen noch beieinander. Bei einigen sah es so aus, als hätten sie noch versucht, ins Freie zu gelangen; andere hatten es noch bis in den Hof geschafft. Wo immer Dean und der Priester auch hinkamen: Überall lagen tote

Ziegen, Hunde, Katzen, Hühner, Vögel und sogar Frösche herum.

Nur sechs Menschen hatten überlebt. Dean traf sie auf dem Marktplatz in der Dorfmitte. Als er sie fragte, was geschehen sei, konnte eine Frau nur antworten: „Ich merkte, wie die Erde rumpelte, und dann bin ich in meine Feuerstelle gefallen." Sie hatte schwere Verbrennungen am rechten Arm. Zusammen mit drei anderen Schwerkranken wurde sie sofort in ein nahegelegenes Krankenhaus geflogen. Die verbleibenden zwei waren dem Anschein nach gesund und unverletzt, aber auch sie wurden zur Beobachtung eingewiesen.

Am nächsten Tag flogen Dean und Steve noch einmal in das Gebiet, um Nahrungsmittel und Trinkwasser hinzubringen. Allmählich trafen von außerhalb die ersten Angehörigen der Opfer ein und hoben Massengräber aus. Ein Mann aus Bamenda, der Leiter der Poststelle von Nkwen, beerdigte an jenem Tag sechsundfünfzig Familienangehörige. Steve und Dean taten ihr Möglichstes, um diese Menschen zu trösten, indem sie ihnen halfen, wo sie konnten.

Bis Montag hatte die internationale Presse von der Katastrophe erfahren, und innerhalb von 24 Stunden wurden wir von der westlichen Welt mit Anfragen bombardiert. Reporter hatten von unseren Hubschraubern erfahren und daß sie nur 20 Flugminuten vom Katastrophengebiet entfernt stationiert waren, also machten sie sich eilig auf den Weg nach Bamenda. Gleich am Tag nach seiner grausigen Entdeckung hatte Dean zu Dokumentationszwecken viele ausgezeichnete Fotos gemacht. Das war sogar ein wenig riskant gewesen, denn es gab strenge Richtlinien der Regierung, was das Fotografieren allgemein betraf. Wir informierten daraufhin die Regierung über die Fotos, und Dean und Steve wurden zu einem Treffen dorthin gebeten. Man einigte sich darauf, daß ein Satz der Fotos bei der Regierung von Kamerun verbleiben sollte, während die Helimission einen zweiten Satz behielt, denn die Regierung war davon überzeugt, daß die Mission die Fotos nicht mißbrauchen würde.

Am nächsten Tag unternahmen Dean und Steve weitere Flüge. Deans Frau Kaylene begleitete sie über Funk, während ich versuchte, des Medienansturms Herr zu werden. Ein

Reporter einer amerikanischen Wochenzeitschrift tauchte bei uns auf und versuchte, mich zu überreden, ihm einen Flug ins betroffene Gebiet zu organisieren und ihm einen Satz von Deans Fotos zu verkaufen. Er wurde sehr aufdringlich und versuchte, mich mit der „Gewissens-Masche" herumzukriegen: „Gott will doch bestimmt, daß die Welt die Wahrheit erfährt, und dafür könnte ich sorgen. Glauben Sie nicht auch, daß Gott möchte, daß ich die Bilder bekomme?"

Als er merkte, daß ich nicht sonderlich beeindruckt war, bohrte er weiter: „Oder wenn ich ganz einfach Ihre Fotos fotografieren würde . . . Das würde doch niemand je erfahren."

Dann versuchte er, mich bei meinem Verantwortungsgefühl zu packen: „Ich merke, daß Ihnen sehr daran liegt, diesen Menschen neu zu helfen, und ich möchte doch nur, daß die Welt erfährt, wie auch sie hier helfen kann. Ich verspreche Ihnen, es würde sich für Sie lohnen."

Schließlich erklärte ich ihm: „Hören Sie, nächste Woche sind Sie wieder weg und schreiben an einer ganz anderen Geschichte. Die Menschen hier und ihr Leid und ihr Tod wird sie kein bißchen mehr kümmern. Aber wir werden dann immer noch hier leben und tagtäglich mit den Menschen zusammenarbeiten, und zwar nicht bloß als Repräsentanten unseres jeweiligen Heimatlandes, sondern vor allem als Repräsentanten Gottes. Die Regierung hier hat uns ihr Vertrauen erwiesen, indem sie uns erlaubt hat, die Bilder zu behalten. Sie geht davon aus, daß wir sie nicht in die falschen Hände gelangen lassen – also auch nicht in Ihre, damit sie auf dem Titelbild tote Menschen abbilden können statt toter Kühe. Und was Ihre Behauptung betrifft, daß davon niemand je erfahren würde: Gott wüßte es ganz sicher, und es ist in erster Linie seinetwegen, daß ich Ihnen die Fotos nicht gebe."

Nicht ein einziges dieser schauderhaften Bilder wurde zum Zwecke höherer Einschaltquoten oder Auflagen veröffentlicht, obwohl uns Unsummen dafür geboten wurden.

Bald waren die Hilfsaktionen in vollem Gange. Aus der ganzen Welt sandten Regierungen Hilfsgüter, Geld und Hilfspersonal. Es wurden Flüchtlingslager eingerichtet, Ärzte und Hilfspersonal wurden eingeflogen, um mit anzupacken, und oben am See versuchten Wissenschaftler herauszufinden, wie es zu den todbringenden Erdstößen in dem See gekommen war. Nach etwa einem Monat hieß es, einige Opfer hätten sich zu Anhörigen in weiter entfernten Gegenden aufgemacht. Sie waren geflohen, bevor man sie medizinisch hatte versorgen können, und wir wußten, daß sie Verbrennungen erlitten hatten, unter Atembeschwerden und anderen Auswirkungen des Gases litten. Die Generalversammlung der Baptisten wollte diesen Menschen helfen und beorderte medizinisches Personal in das betreffende Gebiet. Also flogen Steve und ich zu einem ihrer Urwaldkrankenhäuser, um einen Arzt abzuholen. Dann ging es weiter in die entlegenen Dörfer, wo wir tatsächlich Opfer fanden, deren Verbrennungen vernarbt und stark entzündet waren. Den ganzen Tag über halfen wir dem Arzt, indem wir Medikamente verteilten und Wunden reinigten. Für mich war das eine ganz praktische Möglichkeit, den Menschen zu zeigen, daß sie uns am Herzen lagen und nicht vergessen waren. *Genau das*, so ging es mir durch den Kopf, *war einer der Gründe, weshalb ich nach Afrika wollte.* Gott war wirklich treu gewesen: Er hatte mir eine große Liebe für diese Menschen geschenkt, die echt war und von Herzen kam. Am Ende jenes Tages wußten wir, daß wir etwas für sein Reich ausgerichtet hatten.

Auf dem Rückflug war scheußliches Wetter. Im Nu waren wir von Regenwolken eingeschlossen, die Sicht war extrem schlecht, und sehr häufig mußten wir von unserer Flugbahn abweichen, um Sturm und Wolken zu umfliegen. Steve geriet an die Grenzen seiner Fähigkeiten, als wir nur eben über Baumwipfelhöhe zurück nach Bamenda flogen. Aber der Herr war auf Schritt und Tritt bei uns. Der Teufel hingegen wollte so einen siegreichen Tag nicht einfach hinnehmen.

Jeden Abend mußte der Hubschrauber in den Hangar gerollt werden. Damit das überhaupt ging, wurde unter jede Kufe ein spezielles Rad geschoben. An diesem Abend nun löste sich die Eisenstange, mit der Steve diese Vorrichtung wieder von den Kufen abnahm, aus ihrer Verankerung und traf ihn so heftig am Unterkiefer, daß er einen Meter nach hinten bis unter den Heckrotor geschleudert wurde.

Ich war gerade im Haus, als das passierte. Ich lief hin und fand ihn auf Deans Schoß liegen. Er schaute recht verwirrt drein. Am rechten Unterkiefer hatte er eine unregelmäßige Schnittwunde und darüber hinaus offenbar auch eine Gehirnerschütterung abbekommen. Ständig fragte er: „Was ist passiert?" Aber auf unsere Antworten hin fragte er nur weiter: „Gut, aber was ist passiert?" So ging das ein paar Minuten lang, bis ich mich zu einem anderen Vorgehen entschloß. Ich wollte wissen, bis zu welchem Zeitpunkt seine Erinnerung zurückreichte.

„Kannst du dich erinnern, daß du an der Schreibmaschine gesessen hast?"

„Ja."

„Weißt du noch, wie du den Hund gefüttert hast?"

„Ja."

„Weißt du noch, wie du zu mir gemeint hattest, du würdest jetzt zum Hangar gehen und den Hubschrauber reinschieben?"

„Ja."

„Weißt du noch, wie du deiner wunnnnderbaren Frau einen Abschiedskuß gegeben hast?" neckte ich ihn.

„So?", gab mein sehr benommener Mann theatralisch zurück. Seine Augen zeigten mir, wie ich diese Antwort einzuschätzen hatte, und so mußte ich mir über seine weitere Genesung keine großen Gedanken mehr machen.

Wir verfrachteten ihn in unserem Kombi und brachten ihn ins Krankenhaus, wo die Wunde mit fünf Stichen genäht wurde. Am nächsten Morgen schaute er schon wieder ziemlich erholt aus und brüstete sich mit den ersten fünf Stichen in seiner fünfunddreißigjährigen Laufbahn.

Einige Wochen später – es war Ende September – reisten Dean und Kaylene für zwei Monate in die Schweiz. Sie wollten dort eine Sprachschule besuchen und einen wohlverdienten Urlaub antreten. In unserem Rundbrief stand dann als Gebetsanliegen, daß mit dem Hubschrauber alles klappen möge, so lange Dean als Mechaniker ausfiel. Aber leider bereitete uns das Kufenrad, das wir liebevoll in „Todesrad" umbenannt hatten, weiterhin Probleme. Am nächsten Tag platzte der Reifen des Rades, nachdem Steve ein wenig mehr Luft hineingepumpt hatte. Wie sollten wir nun den Hubschrauber mit nur einem Rad für zwei Kufen aus dem Hangar bringen? Fünf

Steve und ich
und Colby und Steven
im Helikopter

Steven und Colby in unserem Garten in Kamerun

Christina Joan, ein quicklebendiges kleines Mädchen, nur zwei Wochen vor ihrem plötzlichen Tod

Weihnachten in Kamerun

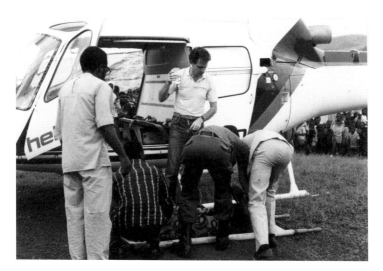

Steve hilft den medizinischen Mitarbeitern bei ihrer Arbeit

Tanzende Ju-Jus (Medizinmänner) und Musiker, die die Chongs spielen

Colby Matthews Sarg

Steve und ich zusammen mit meiner Mutter und Steven nach Colby Matthews Tod

Der Absturzort in der Nähe von Addis Abeba in Äthiopien

Steves Begräbnis

Die Särge von Steve und Troy (rechts)

Kathy und Steven Bartalsky heute

Männer und zehn Kufendrehungen später hatten wir ihn aber in seiner Startposition. Zwei Tage lang ging dann alles gut, bis der Hubschrauber eines Morgens nicht mehr anspringen wollte. Steve gab sich alle erdenkliche Mühe und rief sogar Mechaniker in Frankreich an, aber schon bald war klar, daß wir es hier nicht mit einem Routineproblem zu tun hatten.

Wir waren beide deprimiert und frustriert. Während Steve im Hangar weiterarbeitete, ging ich heim und breitete meinen ganzen Kummer in meinem Gebetstagebuch aus. Ich betete sogar zu Gott, er möge uns doch zeigen, was mit dem Hubschrauber los sei.

„O Herr, jeden Tag wird die Helimission geprüft. Der Widersacher will uns zurückwerfen, und die Menschen werden bald meinen, sie könnten sich auf uns nicht verlassen. O Gott, erbarm' dich. Dean ist fort, und wir haben jetzt keinen Mechaniker hier. Der Hubschrauber springt nicht an. O Herr, zeige du in deiner unendlichen Weisheit Steve, woran es liegen kann. Vater, laß dein Werk ohne Verzug und diese ständigen Unterbrechungen weitergehen. Wir haben den Hubschrauber ja zu deiner Verherrlichung. Gebrauch' ihn dazu! Zerschlage alle Hindernisse, die uns der Feind in den Weg legt. O Herr, schenk' uns die Gnade, daß aus diesem Problem ein Sieg wird, und zwar schon bald! Laß diese Angriffe des Feindes nicht größer werden, als wir es ertragen können. Zeig uns einen Ausweg!

Zeig, daß du deine Hand auf der Helimission hast. Ohne dich können wir nicht weitermachen. Verbirg dich nicht vor uns. Vergib uns unsere Sünden und unsere Unzulänglichkeit in unserem Dienst. Hilf uns, hier ein Licht zu sein. Ich habe keinen eigenen Stolz, denn ich weiß, daß mir ohne dich nichts gelingen kann. Bitte, bitte, Herr, mein Gebet soll genug sein. Laß mein Gebet dein Herz anrühren, damit du jetzt handelst. Die Last auf meinem Herzen darf die Kraft deiner Gnade nicht verdrängen. Hilf uns, Herr. Jetzt ist es doch an der Zeit, daß die Arbeit weitergeht, in die du uns gestellt hast. Bitte keine Verzögerungen mehr, keinen Kummer, sondern den Sieg der Guten Nachricht! O Gott, nur durch dich!"

★

Vielleicht ist ein solches Betteln nicht jedermanns Sache, aber ich weiß gar nicht, wie ich beschreiben kann, wie gut Gott ist. Steve fuhr am nächsten Morgen nach Douala, um ein bestimmtes Ersatzteil abzuholen, das nach Meinung der französischen Mechaniker möglicherweise den Schaden beheben würde. Während seines Aufenthaltes dort suchte er eine Hubschrauber-Gesellschaft auf, die auf einigen Bohrinseln vor der Küste arbeitete. Dort gab es einen Mechaniker, genauer gesagt einen Elektromechaniker, und die Firma war bereit, uns den Mann für eine Woche auszuleihen. Steve brachte ihn also mit nach Bamenda. Er sprach zwar kein Wort Englisch, bediente sich aber eifrig eines Übersetzers und der Betriebsanleitung – und fand schließlich den Fehler! Es war ein abgenutztes Relais in der Startereinheit. Das Wunder war nun, daß der besagte Mechaniker seine letzte Woche in Kamerun verbrachte, bevor er wieder nach Frankreich zurückkehrte. Und er sollte von seiner Gesellschaft nicht durch einen anderen Elektromechaniker ersetzt werden. Ich fragte mich: Warum hat das Relais nicht eine Woche länger gehalten? Die Antwort: Weil Gott treu ist! Es war die Prüfung, ob wir seiner allwissenden Macht vertrauten, und ob wir erkannten, wie er uns in dem Mechaniker seine Liebe offenbarte. Es war eine weitere Bestätigung für die Arbeit der Helimission in Kamerun.

Der Mechaniker schloß den Hubschrauber kurz, damit wir die Zeit überbrücken konnten, bis das neue Relais aus Europa kam. In dieser Zeit sollten wir eine Gruppe Wissenschaftler der National Geographic Society zum Nyos-See fliegen. Sie wollten dort im Zusammenhang mit der Gaskatastrophe weitere Untersuchungen durchführen. Wir legten die Sicherheitsgurte an, und Steve ging noch einmal alle Funktionen des Hubschraubers durch. Der Starter sprang an, und auch die Rotorblätter machten ihre ersten Umdrehungen – bis sie plötzlich wieder langsamer wurden und auch der Motor verstummte. Beim Kurzschließen war eine Sicherung durchgebrannt.

Wir probierten es mit zwei neuen, aber auch sie brannten durch. Die nächste Sicherung war die letzte. Bevor ich sie Steve gab, betete ich laut: „O Herr, segne diese Sicherung."

Dann gab ich sie Steve, der sie vorsichtig einsetzte. Er drückte wieder den Starter am Rotorenhebel, und langsam dröhnte die Kraft der Maschinen durch den Innenraum des Hubschraubers. Das Glas der Sicherung war zwar zersprungen und ihr Draht innen durchgebogen, aber der Hubschrauber war angesprungen. Das Dröhnen war für uns wie Musik aus himmlischen Sphären. Mit dieser kleinen Sicherung starteten wir dann noch mehr als vierzigmal, bis wir schließlich das Ersatzteil bekamen.

Erhört Gott Gebete? Und ob! Was war das für ein großartiger Beweis seiner Macht in unserem Leben. Welch ein Zeugnis für die Leute von National Geographic! Ich habe zwar keine Ahnung, was die sich dabei gedacht haben, aber ich weiß, daß sie mein Gebet gehört hatten und über seine Wirkung nicht weniger erfreut waren als wir. Einmal mehr zeigte uns Gott, daß sein Werk nicht von einem Mechaniker abhing, sondern von seiner Gnade und seinem Geist. Wir ließen unsere Begrenztheit Begrenztheit sein und vertrauten nun, da Dean fort war, um so mehr auf Gott.

Trauern mit und ohne Hoffnung

Drei Monate nach der Gaskatastrophe, im November 1986, hörten wir dann von einem Trauertag, einer Art Totenwache für die Opfer. Die Überlebenden waren inzwischen entweder in ihre Heimatorte zurückgekehrt oder lebten in Flüchtlingslagern. Steve und ich wollten ebenfalls den Toten die letzte Ehre erweisen und dabei auch das Trauerritual kennenlernen, um die Menschen und ihr geistliches Verständnis vom Tod besser zu verstehen.

Die Trauerfeier wurde von einer großen katholischen Diözese ausgerichtet. Der einheimische Priester zelebrierte die Messe, und Hunderte kamen nach vorn, um das „Brot des Lebens" zu empfangen. Am Schluß des Gottesdienstes wurden Steve und ich zu einem großen Essen mit verschiedenen Nationalgerichten eingeladen. Eine der Schwestern erzählte uns dabei, daß über achttausend Menschen aus Dörfern der gesamten Nordostprovinz zusammengekommen waren. Viele von ihnen würden nachher beim Tanz ihr Dorf vertreten und dabei am Häuptling von Nyos vorüberziehen, der die Katastrophe überlebt hatte. Steve und ich waren schockiert darüber, daß dieses Ritual auf demselben Gelände stattfinden sollte wie vorher die katholische Messe. Später erfuhren wir, daß an derselben Stelle am frühen Morgen auch bereits ein islamischer Gottesdienst abgehalten worden war.

Gleich nach dem Essen begaben wir uns wieder zum Festplatz. Auf dem Weg dorthin trafen wir Curt Steger von der Zeitschrift *National Geographic*. Er berichtete uns, er und seine Leute hätten die Erlaubnis für ein Interview mit dem Häuptling von Nyos bekommen. Schnell hakten wir nach und fragten, ob wir nicht dabei sein könnten, und nach einer kurzen

Rücksprache bekamen wir grünes Licht. Das Gespräch fand in einer kleinen Hütte in Anwesenheit zahlreicher weiterer Häuptlinge statt. All die Frauen, die eben noch das Essen aufgetragen hatten, wurden hinausgeschickt. Ich durfte als einzige Frau bleiben. Mir wurde ein Platz an der Wand zugewiesen, und man bat mich, still zu sein.

Dem Häuptling wurden viele Fragen zum Verlust seines gesamten Stammes gestellt. Mit Hilfe eines jungen Einheimischen, der dolmetschte, teilte er mit, wie traurig für ihn die ganze Tragödie sei. Er selbst sei an dem betreffenden Tag gar nicht im Dorf gewesen, sondern habe in Amtsgeschäften einen Häuptling in einem anderen Dorf besucht. Eine seiner kleinen Töchter hatte er mitgenommen, und jetzt seien sie mit großer Trauer konfrontiert und dem Problem, einen Ort zu finden, wo sie sich wieder ansiedeln könnten. Bevor wir gingen, erlaubte er noch, ein paar Fotos von ihm zu machen. Die Hoffnungslosigkeit in seinen Augen war das Erschütterndste.

Der Ahnenglaube des Häuptlings verschlimmerte seine persönliche Verzweiflung noch. Die Seen waren heilige Orte, weil die Menschen glaubten, daß darin Häuptlinge, auch Fons genannt, und andere wichtige Stammesleute nach ihrem Tod weiterlebten. Es wurde in den Seen auch kaum gebadet oder Wäsche gewaschen, denn viele glaubten, daß darin der Geist von „Mütterchen Wasser" wohne. Es hieß, der Geist locke ahnungslose Schwimmer und Fischer in einen vorzeitigen Tod. In einer Kultur, in der Geister und Ahnenkult zum Alltag gehören, gilt eine Katastrophe wie diese als Fluch. Auch abgesehen von der Katastrophe brachten die Menschen den Seen und Flüssen Tier- und Speiseopfer, damit die Geister sie in Ruhe ließen. Die Leute glaubten, daß es Regen geben würde und gute Ernten und daß Katastrophen ausblieben, wenn man die Götter bei Laune hielt. Wenn nun also ein ganzes Dorf ausgelöscht worden war, dann konnte das nur bedeuten, daß die Ahnen (Götter) erzürnt waren.

Die Afrikaner fürchten und ehren ihre Toten. Normalerweise begraben sie sie in ihren Hütten, zumindest aber irgendwo innerhalb der Grenzen ihres Anwesens. Sie glauben, daß sie jedesmal, wenn sie über das Grab gehen, etwas von der Weisheit oder den guten Eigenschaften des Verstorbenen in sich aufnehmen. Wenn der Verstorbene aber als schlechter Mensch gilt, dann wird er im Wald begraben. Steve und ich versuchten, uns diese Zusammenhänge einzuprägen, als wir hinüber zur Zeremonie liefen und Platz nahmen.

Die Ju-Jus (Medizinmänner) trugen bunte, mit Federn geschmückte Gewänder und Holzmasken, die verschiedene Tiere oder wichtige Ahnen darstellten. Sie trugen sie nicht bloß zur Zierde, sondern die Medizinmänner glaubten, daß sie dadurch tatsächlich zum Geist dessen wurden, den die Maske darstellte. Diese Masken waren groß, schwarz und schwer. Manche trugen sie vor dem Gesicht, andere auf dem Kopf nach oben gerichtet. Manche der Medizinmänner trugen schwere Ketten aus Koalanüssen um die Fußgelenke und hatten ihre Gesichter mit Hirsesäcken verhüllt. In die Säcke war oben Stroh eingewebt, das Haare darstellen sollte. Auch Kinder in Medizinmanntracht hatten sich an einer Seite des Platzes aufgestellt. Für viele von ihnen war es die erste öffentliche Bekundung des bereits tief in ihnen verwurzelten Ahnenglaubens.

Neben den vielen traditionellen Musikern mit ihren Trommeln, Kuhhörnern und Samenrasseln zog die erste Tanzgruppe zu Reggae-Musik aus Jamaika ein. Die riesigen teuren Kassettenrekorder, aus denen sie dröhnte, stammten aus der Stadt. Die Frauen trugen Wickelröcke und oben herum nur einen Büstenhalter. Sie blieben beim Tanzen ständig mit dem Oberkörper nach vorn gebeugt. Wir erfuhren später, daß das eine Geste des Respekts vor der Darbietung war. Mit am interessantesten war eine Gruppe von Tänzerinnen, die auf dem Chong spielten – einem getrockneten Flaschenkürbis mit abgebrochenem Hals – in den sie mit einem Stück Zuckerrohr hineinbliesen und dabei den Kürbis auf und ab bewegten. Die Chongs waren grellrot bemalt und hatten einen vollen Baritonklang.

Die Tänze dauerten eine ganze Weile, wobei ein jedes Dorf sein eigenes Gepräge einbrachte. Die Ju-Ju-Tänzer heizten die Menge am meisten an. Sie tanzten wie in Trance, und ich spürte die Erschütterungen des Bodens, als sie direkt vor mir mit den Füßen stampften. Sie riefen und schrien und rasten immer wieder in die Zuschauermenge hinein und bedrohten sie mit ihren Stecken und ihren Zauberkräften. Die anwesenden Polizisten mußten den Leuten immer wieder mit Stöcken auf die Beine schlagen, damit sie nicht nach den Ju-Ju-Tänzern schnappten. In kurzen Abschnitten brach immer wieder Panik aus, und Kinder wären fast zertrampelt worden, wenn die Menge versuchte, den Schlägen auszuweichen, um dann wieder näher an die Tänzer heranzukommen.

Schließlich hatten die letzten Dörfer ihre Darbietungen beendet. Unter lautem Pfeifen, wedelnden Ästen und Palmblättern und dem Lärmen unterschiedlicher Kassettenrekorder, die alle verschiedene Musik spielten, zog die Menge der Tänzer zu einer letzten Darbietung ein, während die Zuschauer sich bereits zerstreuten. Es herrschte eine unheilvolle Stimmung. Steve und ich wurden gegen die Stühle gedrückt, auf denen die Häuptlinge gesessen hatten. Dann drängten wir uns durch das allgemeine Chaos, verloren uns dabei aber aus den Augen und fanden uns erst in der Nähe unseres Jeeps wieder.

Paulus schreibt im Epheserbrief: „Denn wir haben nicht mit Fleisch und Blut zu kämpfen, sondern mit Mächtigen und Gewaltigen, nämlich mit den Herren der Welt, die in der Finsternis herrschen, mit den bösen Geistern unter dem Himmel" (Eph 6,12). Das brauchte man den Teilnehmern der Zeremonie nicht zu erklären, daß sie einen geistlichen Kampf austrugen und nicht gegen Fleisch und Blut kämpften. Aber ohne Jesus Christus gingen sie in dieselbe Falle wie alle anderen (Natur-)Religionen: Über gute Taten und Opfer versuchten sie, Gottes Gunst und Segen zu erlangen – und darüber verpaßten sie all das, was durch das Sühneopfer Christi vollbracht wurde.

Viele halten Afrika für einen auch geistlich schwarzen Kontinent, für ein Gebiet, in dem Spiritismus und Satanismus Amok laufen. Aber dahinter stehen Menschen mit ihren ernst gemeinten Fragen! Wer bringt den Regen? Wer läßt die Sonne aufgehen und des Nachts den Mond scheinen? Wo sind die Toten? Was macht einen Menschen gut oder böse? Wie soll man auskommen mit den weltlichen Herrschern?

Ohne das Evangelium von Jesus Christus holen sich diese Menschen ihre Antworten beim Medizinmann. In ihren Augen ist er es, der über die Mächte und Geheimnisse der geistlichen Welt Bescheid weiß, und er herrscht mit Hilfe von Angst über die Menschen. Wenn er es anordnet, müssen sie ihre Tiere opfern, übertrieben große Geschenke machen und die Geister ihrer Ahnen verehren. Und trotz all dieser Bemühungen haben sie keine Hoffnung darauf, daß ihr Leben einen ewigen Sinn hat.

Das Evangelium gibt die eigentlichen Antworten auf die Fragen der Afrikaner. Gott liebt diese Menschen. Jesus ist auch für ihre Sünden gestorben, und Gott bietet ihnen ein neues Leben an, ein Leben ohne Angst vor dem Bösen, in dem sehr wohl davon ausgegangen wird, daß wir gegen Satan kämpfen – aber auch, daß wir in Jesus, dem Sohn Gottes, siegen. Am Kreuz hat er sein unschuldiges Blut vergossen, damit wir über die Herrscher, die Mächte und Gewalten in der Finsternis und alle bösen Geister triumphieren. In diesem Kampf geht es nicht um genügend Regen oder reiche Ernten, sondern um die Seele.

Mitarbeiter von humanitären Hilfswerken werfen Missionaren oft vor, sie würden den Afrikanern ihre Kultur nehmen. Jahrhundertelang hätten die Afrikaner in Frieden gelebt und ihren eigenen Glauben gehabt, so behaupten sie. Warum sollten sie einen anderen Gott brauchen? Die Antwort ist einfach: „Wer an den Sohn glaubt, der hat das ewige Leben. Wer aber dem Sohn nicht gehorsam ist, der wird das Leben nicht sehen, sondern Gottes Zorn bleibt über ihm" (Johannes 3,36).

In Römer 1, Vers 14 sagt Paulus, daß wir den Weisen und den Toren verpflichtet sind. Wir sind Kulturen mit einem hohen Wissensstand ebenso verpflichtet wie denen, die einfach und bodenständig leben. Wenn ich wirklich glaube, daß Jesus die einzige Antwort ist und daß es einzig und allein in ihm Hoffnung gibt für die Männer und Frauen dieser Welt, wie sollte ich das nicht als Verpflichtung begreifen? Paulus geht noch weiter und schreibt: „Wie sollen sie aber den anrufen, an den sie nicht glauben? Wie sollen sie an den glauben, von dem sie nichts gehört haben? Wie sollen sie hören ohne

Prediger? Wie sollen sie aber predigen, wenn sie nicht gesandt sind? Wie denn geschrieben steht: ‚Wie lieblich sind die Freudenboten, die das Gute verkündigen'" (Römer 10,14.15)! Der Missionar geht, weil er einfach gehen *muß*.

Wir haben den Sieg des Evangeliums in Kamerun miterlebt. Auch wenn es afrikanischen Christen sehr schwer fällt, ihre alten Überzeugungen hinter sich zu lassen, die dem Evangelium widersprechen, so wirkt Gott doch auf wunderbare Weise unter ihnen, und er tut das mit großem Eifer. Sie haben eine Hoffnung und eine Botschaft für ihre Stammesbrüder, denn wenn einem Afrikaner das Licht des Evangeliums einmal wirklich aufgegangen ist, dann versteht er auch viel besser als wir, wie tief die Bindung und Versklavung der Menschen ist. Afrikanischen Christen liegt es sehr viel stärker am Herzen, als wir verstehen können, bei ihren eigenen Leuten Veränderungen zu bewirken, weil sie genau wissen, wie gebunden sie selbst einmal waren.

Das wurde mir noch viel bewußter, als wir fünfundsechzig Studenten von der baptistischen Bibelschule in Ndu zu vierunddreißig Dörfern um das Katastrophengebiet am Nyos-See flogen. Ausgehend von diesen Dörfern zogen diese Studenten sogar in noch entlegenere Gebiete. Eine Woche lang verkündeten sie dort das Evangelium. Wo noch drei Monate vorher nur fünfzehn Menschen sich für Jesus entschieden hatten, waren es jetzt innerhalb einer Woche sage und schreibe 1.340, die Jesus als ihren persönlichen Herrn annahmen.

Die Menschen suchten nach Antworten, und was Satan zum Zweck der Zerstörung geplant hatte, verwandelte der Herr in ein Mittel zu seiner Verherrlichung. Wenn die Gaskatastrophe nicht gewesen wäre, wären die Menschen in dieser vom moslemischem Glauben und Stammeskulten geprägten Kultur nicht offen gewesen für die Notwendigkeit eines Gottes, der mehr Macht und Sinn hat als die Gegenstände und Geister der Ahnen, die sie bis dahin verehrt hatten.

Am tiefsten berührte mich aber etwas, das in den Monaten danach passierte. Als die Studenten nämlich aus dem Katastrophengebiet zurückkehrten, erzählten sie, daß die Christen dort sehr mutlos seien und die schlimmen Ereignisse als ein

Gericht Gottes an ihnen verstünden. Die Studenten sorgten sich aufrichtig um diese neuen Christen und beschlossen, in den Weihnachtsferien wieder dorthin zu fahren, um den verwundeten Leib Christi dort zu ermutigen und zu sammeln. Sie wollten den Glauben der Brüder und Schwestern an einen Gott wiederherstellen, der sie persönlich liebte. Ich konnte nur noch staunen. *Wer von uns würde denn seine Ferien drangeben, d.h. seine Zeit mit der Familie, alles Schenken und Feiern, um Menschen beizustehen, die man kaum kennt, und das alles nur, weil sie mutlos geworden sind?*

Wir hatten in so kurzer Zeit so viel erlebt, daß wir es kaum fassen konnten, als Weihnachten schon wieder vor der Tür stand. In Kamerun erlebten wir sogar das Weihnachtsfest ganz anders; Weihnachten kann nämlich auch ohne Kaufhaus-Schnickschnack und Lichtergefunkel wunderschön sein. Während Papa mit der Fliegerei mehr als beschäftigt war, bastelten die Jungen und ich bunte Papierketten, um damit die Wände und den kleinen Tannenbaum zu schmücken, den wir von Freunden geliehen hatten. Ich fand noch einen alten Socken und etwas Wolle und machte daraus einen singenden Engel für die Christbaumspitze. Den restlichen Tannenbaumschmuck machten wir aus Salzteig.

Am Tag vor Weihnachten stahlen Steve und ich uns während des Mittagsschlafes unserer Buben davon und gingen auf den Markt. Wir waren freudig überrascht, daß so viele Leute unterwegs waren. Die Taxis hatten Mühe, sich einen Weg zwischen all den Händlern mit ihren Ständen und Kisten und Kästen voller Ware zu bahnen. Glocken erklangen, Pfeifen trillerten, aus Radios erklangen Weihnachtslieder, und die Händler priesen ihre Sachen in den höchsten Tönen an. Einer ihrer liebsten Lockrufe für mich war: „Hey, Mrs. Reagan! Kaufen Sie bei mir ein!" Die Menge war begeistert, und überall grüßte man sich und schüttelte sich die Hände.

Am nächsten Morgen wachten die Jungen auf und fanden zwei nagelneue Fahrräder, einige Spielzeuge und Süßigkeiten vor. Die Gaben quollen unter unserem Christbaum nicht gerade hervor, aber auf Stevens und Colbys Gesichtern war klar zu erkennen, wie sehr sie sich über die Feier freuten, während sie mit ihren neuen Rädern durchs Wohnzimmer sausten. Anschließend besuchten wir eine Andacht in unserer Gemeinde, feierten die Geburt Christi und sangen mit einigen unserer einheimischen Freunde Weihnachtslieder. Im Laufe des Nachmittags ging es dann zum Flugplatz, wo Missionare der verschiedensten Denominationen zusammengekommen waren, um mit einem riesigen Grillfest Weihnachten zu feiern. Die Männer trugen mein elektrisches Klavier nach draußen, Dean spielte Saxophon, und ein anderer Freund, Jonathan, hatte seine Gitarre dabei. So machten wir also Musik, und jeder sang die Weihnachtslieder mit, so daß wir uns fast wie „zu Hause" fühlten. Es war ein sehr schlichtes Weihnachten – und eines der schönsten, die wir je hatten.

Das Leben in Afrika schien uns wie auf den Leib geschnitten. Jeder Tag hatte so seine Eigenheiten, ob das nun das Eimerschleppen für ein Bad war, das Feilschen auf dem Markt, das Füttern unseres Affen oder das gemeinsame Videoschauen mit anderen Missionaren. Es war ein Vorrecht, daß wir dort sein durften, und unsere Herzen waren frei, Jesus zu lieben, egal, wie die Umstände waren. Aber selbst in Afrika sorgt Gott dafür, daß seine Kinder sich weiterentwickeln, und die folgenden Monate brachten mir die Liebe Gottes näher als je zuvor.

Getrennt

Anfang Januar bekamen wir aus der Schweiz ein Telex von unserem Direktor. Steve solle nach Uganda gehen und dort eine neue Niederlassung der Helimission aufbauen. Für unser Werk war das bestimmt eine ganz prima Sache, und auch für Steve war es eine Riesenchance, aber mir wurde das Herz schwer. Er würde mindestens zwei Monate weg sein, und weder mein Verstand noch mein Herz waren zu einer weiteren Trennung bereit.

Meine Enttäuschung hatte in erster Linie egoistische Gründe. Ich genoß es, mit Steve zusammenzuarbeiten, und dieses neue Abenteuer würde nun ohne mich stattfinden. Gott mußte also an meiner Einstellung noch allerhand verändern.

An diesem Abend notierte ich in meinem Gebetstagebuch alle Segnungen, die wir in Afrika bereits erfahren hatten. Am wichtigsten war mir dabei, daß ich Mutter sein und Steven jeden Tag selbst unterrichten durfte. Ich versuchte, in diesen Segnungen Ruhe zu finden, aber der Schmerz darüber, Steve ziehen lassen zu müssen, saß tief. Je näher seine Abreise rückte, desto stärker wurden die Spannungen zwischen uns. Nachdem das Wochen so gegangen war, schrieb ich einer lieben Freundin zwei Briefe über meine Gefühlslage:

16. Januar 1987
Liebe Deanna!
Schnell ein paar Zeilen, um Dir zu sagen, wie lieb Du mir bist. Ich hoffe, bei Dir ist alles in Ordnung. Bei uns leider nicht. Am 6. Februar reist Steve nach Uganda ab. Wir sind beide sehr angespannt. Ich hatte gedacht, mit den Trennungen sei endlich Schluß,

als wir aus der Armee ausschieden, aber von wegen . . . (Seufz!) Und ehrlich gesagt macht er es mir auch nicht gerade leichter. Wenn er gut gelaunt ist, dann soll ich auch gut gelaunt sein; wenn er in Ruhe gelassen werden möchte, um zu leiden, dann soll ich den Mund halten. Wahrscheinlich ist das eine der Gelegenheiten, wo das, was man tut, nie genug ist. Das ist vor jeder Trennung so – damit der Abschied nicht so schwer fällt, verletzt man den anderen und sagt häßliche Dinge zu ihm, um sich selbst einzureden, daß man die Trennung eigentlich auch braucht – daß beide sie brauchen. Ein Paradebeispiel dafür, wie der Widersacher angreift. Bete bitte für mich. Ich glaube nicht, daß ich besonders gut mit der Situation umgehe.
In Liebe,
Kathy

5. Februar 1987
Hallo, Deanna!
Morgen also reist Steve ab nach Uganda. Wie geht es mir dabei? (Wieder Seufz!) Natürlich sind die Gefühle sehr gemischt. Im einen Augenblick geht's mir ziemlich mies, im nächsten geht's so, und im Grunde ist mir immer klar, daß Gottes Macht größer ist als meine Gefühle. Aber wie dem auch sei: Seine Freude soll sich auf meinem Angesicht spiegeln.
Bei der Armee mußte ich meinen Mann so oft für lange Zeit ziehen lassen, aber jetzt ist er im Namen Jesu unterwegs in ein Land, das viel unsicherer ist als alle, in denen er mit der Marine war. Merkwürdig, nicht wahr? Ob ich will oder nicht, ich male mir aus, was alles passieren kann, und ich muß mich zusammennehmen, damit mir die Phantasie nicht durchgeht. Auch Christen sind nicht gefeit vor den Grausamkeiten dieser Welt. In der Fliegerei darf man sich über Leben und Tod keine Illusionen machen. Ich versuche also, das nicht zu einem großen Thema werden zu lassen und weiß mich irgendwie aufs Schlimmste vorbereitet; nicht nur geistlich und gefühlsmäßig, sondern auch finanziell.
Das mag vielleicht unvernünftig klingen. Aber Trennungen sind auch Sterbeerfahrungen, und wenn wir denen nicht ins Auge schauen können, wie dann dem anderen? So schwer es mir auch fällt, ich will immer an dieser Wahrheit festhalten:

Gott sitzt auf dem Thron. Jesus sitzt in Macht und Herrlichkeit zu seiner Rechten, und der Heilige Geist wirkt kraftvoll in den Herzen der Menschen auf der ganzen Welt!
Wie immer: Letztlich geht es nur um eines – nein, um einen: Jesus. Und er liebt mich, und er ist die Kraft meines Lebens.
Genug für heute. Es geht mir schon viel besser. Ist Gott nicht wunderbar? Wie kann man bloß ohne ihn leben? Geht das überhaupt?
Ich schätze Dich sehr, Deanna. Danke, daß Du mit mir gehst.
In Liebe,
Kathy

Am Morgen des 6. Februar war es so weit. Dean und Kaylene und unsere Familie brachten Steve nach Douala zum Flughafen. Steve spürte den Aufruhr in mir und war sehr verständnisvoll. Den größten Teil der Fahrt konnte ich mit dem Kopf auf seinem Schoß liegen, während er die Jungen mit Spielzeug und Büchern beschäftigte. Ich empfand keinen Druck, jetzt um jeden Preis munter mit ihnen zu plaudern und mich irgend wie zur Fröhlichkeit zu zwingen. Beim Einsteigen ins Flugzeug meinte Steve: „Hoffentlich kannst du auch bald rüberkommen und mich besuchen. Ich will mal bei Ernst nachfragen, was sich da machen läßt."

Als ich nach Bamenda zurückfuhr, war ich so gefühlsgeladen, daß ich glaubte, explodieren zu müssen. Deshalb schrieb ich ein Lied.

Nimm mein Herz, liebster Jesus

Was ist los mit mir?
Der unbeschreibliche Schmerz –
warum umgibt er mich von allen Seiten?

Ich bin so ruhelos.
Ich möchte es zu dir hinschreien,
ich möchte es ganz dir überlassen,
ich möchte es zeigen können.

Was ist's, nach dem ich mich sehne?
Die Fülle deiner Liebe,

daß sie die Leere in mir ausfüllt,
den Schmerz, der mir mitten ins Herz sticht.
Ich möchte alles zu dir hin ausschütten
damit ich sehe, deine Liebe ist da.
Ich möchte mich einlassen
auf deine Fürsorge für jeden Teil von mir.

Drum nimm mein Herz, Herr Jesus.
Nimm es als dein Eigentum.
Mach mich zu deinem Ebenbild,
damit ich darin geborgen bin.

Jesus . . . Jesus . . . so schreit mein Geist zu dir.

Zwei Wochen später hörten wir von Steve. Über Telex teilte er uns mit, daß unser in Äthiopien stationierter Hubschrauber dem Vernehmen nach abgestürzt sei, daß es keine Verletzten gegeben habe und, quasi als Nachsatz, daß er in Uganda verhaftet worden war. Er telegrafierte außerdem eine Nummer, unter der ich ihn erreichen konnte, aber natürlich war im afrikanischen Telefonnetz kein Durchkommen. Nach vielen vergeblichen Versuchen blieb mir nichts anderes übrig, als Jesus zu vertrauen, daß alles in Ordnung war.

In der Zwischenzeit war ich von der Full Gospel-Bibelschule gefragt worden, ob ich dort Englisch unterrichten wolle. Ich sollte für Judy Treherne, die Frau des Direktors, einspringen, die erkrankt war. Sie sagte, daß allein schon die Tatsache, daß ich Englisch spräche, mich für die Stelle qualifiziere, und daß ich alles andere den Büchern entnehmen könne. Obwohl es für mich etwas völlig Neues war, machte mir das Unterrichten von Anfang an viel Freude. Jede Woche führte ich zehn neue Wörter ein, und nachdem ich sie den Schülern erklärt hatte, mußten sie dann Sätze daraus bilden.

Einmal hatten wir es besonders schwer. Ich versuchte, den Schülern das Wort „Eishockey" nahezubringen. In allen Einzelheiten beschrieb ich die Sportart und malte sogar einen Puck und einen Schläger an die Tafel. Ihnen aber stand immer noch das Unverständnis ins Gesicht geschrieben. Da merkte ich, daß das nicht mit dem Puck und auch nicht mit dem

Schläger zusammenhing, sondern mit der „Eisfläche" und den „Schuhen mit dünnen Metallkufen"!

Zwei Wochen später erhielt meine Mutter einen Brief von Steve. Darin berichtete er von den Umständen seiner Verhaftung. Es war auf einem Übungsflug mit dem neuen Piloten der Helimission passiert. Vom Militär, von der Regierung und vom Flughafen hatte Steve, wie er meinte, alle erforderlichen Flugpapiere eingeholt. Aber in der Dritten Welt haben zu viele Menschen zu viele Stempel, und jeder hält seinen für den wichtigsten. Die Militärpolizei der Nationalen Widerstandsvereinigung hatte Steve und seinen Kollegen jedenfalls zum Landen gezwungen und sie verhört. Nach allerhand Einschüchterungen, Drohungen und Spionagevorwürfen waren sie wieder entlassen worden.

Das Fazit aus dieser Begegnung war, daß obwohl die Helimission von Christen in der Regierung nach Uganda eingeladen worden war, die politische Lage dort für eine Mission wie unsere einfach zu instabil und gefährlich war, um sicher dort arbeiten zu können. Das Risiko, abgeschossen zu werden, war einfach zu groß, obwohl der Hubschrauber mit einem großen roten Kreuz gekennzeichnet war. Während ich in Bamenda auf weitere Nachrichten von Steve wartete, bekam ich für einen Monat einen Logiergast. Sie hieß Carol und war gekommen, um in unserer Provinz die Gemeinden in der Sonntagsschularbeit anzuleiten. An den Wochenenden ging sie in die Dörfer, um dort Seminare abzuhalten, und dann kam sie zurück, um sich während der Woche auszuruhen, ihre privaten Schokoladenvorräte zu ergänzen und sich für das nächste Wochenende vorzubereiten.

Meine Kinder liebten ihre „Tante Miss Carol" – vor allem aber ihr Können als Bauchrednerin. Die Affen-Marionette Natascha, die sie dazu benutzte, besuchte Steven und Colby mindestens einmal am Tag. Am köstlichsten war es aber, unserem Koch John bei solchen Vorführungen zuzuschauen. Er starrte die ganze Zeit die Puppe an, aber fand einfach nicht heraus, wie Natascha ohne Zunge reden konnte. Einmal fragte er sogar, ob es diese Art Affen nur in den Vereinigten Staaten gebe.

Manche von den Einheimischen glaubten, daß Natascha

einen Zauber an sich hatte. Andere dachten, Carol benutzte einen Kassettenrekorder, und wieder andere hielten Natascha für einen echten Affen. Carol mußte also erklären, wie sie Natascha bewegte (und das unter Preisgabe von Berufsgeheimnissen), damit die einheimischen Christen sie nicht für eine Zauberin hielten.

Wir hatten viele vergnügliche Stunden mit „Tante Miss Carol". Am eindrücklichsten war allerdings, wie wir Colby mit seinen knapp dreieinhalb Jahren in ein Buschkrankenhaus brachten, um ihn dort von einem amerikanischen Arzt beschneiden zu lassen. Alles verlief reibungslos, wenn da nicht diese Schrecksekunde gewesen wäre. Der Arzt bat mich, Colby bitte zu halten, während er ihm eine Spritze in den Oberschenkel gab. Colby schlang seine Arme fest um meinen Hals und schrie beim Spritzen, aber nach ein paar Minuten dämmerte er weg. Mit einem Mal war sein Körper ganz schlaff, und als die Krankenschwester ihn mir aus den Armen nahm, da war in seinem starren, abwesenden Blick plötzlich Christina wieder vor meinem inneren Auge. Ein panischer Schrecken durchfuhr mich. Ich schickte sofort ein Stoßgebet zum Himmel und machte mich dann auf die Suche nach Carol, die sich in der Zwischenzeit um Steven gekümmert hatte. Die warme Vormittagssonne im Hof des Krankenhauses half mir, den kalten Schauder jener schrecklichen Bilder wieder loszuwerden.

Eine halbe Stunde später tauchte Colby wieder aus dem OP auf. Alles war normal verlaufen. Als er mich sah, fragte er gleich: „Keine Spritzen mehr?" Ich sagte: „Nein, Schatz, keine Spritzen mehr." Da lächelte er und meinte: „Ich will eine Fanta." Im nächsten Moment war er schon wieder in tiefen Schlaf versunken. Wie liebte ich da meinen kleinen tapferen Kämpfer! Zu unser beider Vergnügen fand sich Carol sofort bereit, in der Stadt eine Fanta für Colby zu kaufen.

Wir übernachteten in einem kleinen Motel, und sobald unser Wunderpatient am nächsten Morgen aus dem Krankenhaus entlassen war, fuhren wir schleunigst auf der Schotterstraße zurück nach Bamenda.

Gegen Ende Februar mußte Carol wieder abreisen. Ich brachte sie zurück nach Douala, weil ich dort beim Zoll noch einige Ersatzteile für den Hubschrauber abholen mußte. Steven und Colby ließ ich bei einem jungen Missionarsehepaar in Bamenda.

In Douala rief mich Kaylene an. Steve habe ein Telex geschickt, erklärte sie, und gemeint, ich könne ihn besuchen kommen. Er habe auch gleich ein Datum vorgeschlagen. Ich freute mich, hatte aber zugleich auch ein ungutes Gefühl dabei, die Jungen so lang allein zu lassen. Wäre die Sache in Amerika gewesen, wo man jederzeit und überall hin telefonieren kann, wäre es kein Problem gewesen, aber in Afrika ging das eben nicht. Ich rief das Ehepaar an, das auf die beiden aufpaßte, und sie waren einverstanden, die Jungen auch weiter zu hüten.

Der nächste Tag war ein einziger Streß. Ich wollte Steve benachrichtigen, daß ich kommen würde, aber das einzige Mädchen, das auf der Post Telegramme versenden konnte, war gerade krank. So probierte ich es per Telex über unser Büro in der Schweiz, aber auch das ohne Erfolg. Ich rannte auf dem Flughafen hin und her, schlug mich mit umständlichen Zollbeamten herum und kümmerte mich um die nötigen 101 Unterschriften, damit sie die kleine Schachtel mit den Hubschrauberersatzteilen herausrückten.

Am Nachmittag ging ich zum Schalter der Ethiopian Airlines, um dort mein Ticket nach Uganda zu kaufen. Die Angestellte dort erklärte, daß der junge Mann, der mir weiterhelfen könne, nur „einen Augenblick" fort sei. Ich wartete also. Als er schließlich auftauchte, sah er furchtbar aus. Er zitterte und schwitzte, und es war ganz eindeutig, daß er ins Bett und nicht an seinen Arbeitsplatz gehörte. Ich nannte ihm mein Anliegen, worauf er erwiderte, ich solle später noch einmal wiederkommen. In diesem Augenblick kam der in Zivil gekleidete stellvertretende Verkaufsleiter aus seinem Büro und fragte, was los sei. Der junge Mann vom Schalter erklärte es ihm und fragte ihn höflich, ob er uns nicht helfen könne. Seine schroffe Antwort überraschte uns dann beide: „Hey, eigentlich sollte ich nicht einmal hier sein." Ich brauche wohl nicht extra zu erwähnen, daß es an diesem Tag mit meinem Flugticket nichts mehr wurde.

Aber man kann nur immer wieder darüber staunen, wie

Gott handelt und wirkt. Was ich als einen einzigen großen Reinfall erlebte, war nichts als reine Gnade von ihm. Ich wußte nicht, daß genau zu diesem Zeitpunkt, während ich erfolglos versuchte, Tickets nach Uganda zu bekommen, Steve dort Verhandlungen mit ugandischen Offiziellen führte, in denen es um die Zulassung unseres Hubschraubers ging. Obwohl die Chancen jeden Tag wieder anders standen, kam Steves Projekt gerade in dieser Zeit, die für mich so anstrengend war, zum Abschluß. Er würde den Hubschrauber von Uganda aus nach Kenia fliegen und dann nach Kamerun zurückkommen. Wenn ich an jenem Nachmittag aber mein Ticket bekommen hätte, dann hätten wir sehr viel Geld für einen monatelangen Papierkrieg verloren. Abgesehen von diesen Schwierigkeiten ersparte Gott es uns auch, ausgerechnet dann in Uganda zu sitzen, wo wir nirgends lieber gewesen wären als in Bamenda. Aber das lag zu dem Zeitpunkt noch vor uns.

Im Laufe des Nachmittags erfuhr ich durch ein weiteres Telex, daß Steve in einer Woche heimkommen würde. Ich fuhr wieder nach Hause zu den Buben, und die waren ganz aufgeregt, als ich ihnen die Neuigkeiten erzählte.

Vier Tage darauf, es war Sonntag, der 1. März, fuhr ich Steve in Douala abholen und lieferte Handzettel ab, die bei einer großen Zeltevangelisation von der Full Gospel-Mission gebraucht wurden. Außerdem mußte ich weitere Hubschrauberteile durch den Zoll bringen. Weil ich nur wenig Zeit und viel zu erledigen hatte, beschloß ich, die Jungen noch einmal bei dem Missionarsehepaar unterzubringen. Sie spielten beide draußen, als ich mich auf den Weg machte. Ich ging noch einmal auf sie zu und meinte, wir könnten für Papa beten, daß er gut heim käme. Steven wollte eigentlich lieber weiter spielen, betete aber mir zuliebe noch kurz. Colby sprach ein wunderbares Gebet und dankte Jesus, daß er seinen Papa wieder nach Hause brachte. Sie versprachen mir, sich ordentlich zu benehmen, und nach den Abschiedsküßchen machte ich mich auf den Weg, um meinen Mann abzuholen.

Am nächsten Morgen gab ich die Flugblätter ab und fuhr anschließend auf direktem Weg zum Flughafen. Ich konnte gar nicht fassen, wie reibungslos am Zoll alles lief. In nicht einmal zwei Stunden hatte ich das Teil. Das war Rekordzeit. Ich hatte also bis zum Mittwoch, dem Tag, an dem Steve ankommen sollte, nichts zu tun.

Ich konnte in Carols kleiner Einzimmerwohnung übernachten. Gegen Abend fühlte ich mich dann ziemlich unwohl, und ich bekam Rückenschmerzen. Als ich ins Bett ging, entdeckte ich an meinen Beinen einen Ausschlag. Ich überlegte, ob ich etwas gegessen hatte, das eine solche Reaktion hätte auslösen können. Auch Carol, die ja von Beruf Krankenschwester war, fiel nichts ein. Wir hatten am Abend beide das Gleiche gegessen. Sie ging zu Bett, und ich legte mich auf dem Fußboden in meinen Schlafsack, ohne mich weiter um die Sache zu kümmern. Bis zum Morgen hatte sich der Ausschlag dann jedoch über den ganzen Körper ausgebreitet. Nur das Gesicht war frei geblieben. Weil er mich aber nicht weiter einschränkte, beachtete ich ihn nicht weiter und hoffte, er würde bald von selbst wieder verschwinden. Tat er aber nicht. Im Laufe des Nachmittags bekam ich zusätzlich noch Fieber und ging deshalb zurück in die Wohnung. Kurz darauf kroch ich in Carols Bett, und sie kümmerte sich an diesem Abend ganz rührend um mich. Ich hoffte immer noch, daß es mir am nächsten Morgen besser gehen würde, weil dann ja Steve ankommen sollte. Es *mußte* mir einfach besser gehen.

Am nächsten Morgen war es dann aber noch schlimmer. Mir war schwindelig, das Fieber war gestiegen, und der Ausschlag war voll aufgeblüht. Ich würde einen herrlichen Willkommensgruß für Steve abgeben! Ich versuchte mich zu kämmen und wollte mir immer noch einreden, ich müsse ja bloß aus dem Bett kommen, mich ein wenig waschen und an die frische Luft, dann würde es schon gehen. Es ging nicht. Ich schaffte es nicht einmal, zum Flughafen zu fahren, um ihn abzuholen. Zufällig war unser Nachbar aus Bamenda, Pfarrer Treherne, ebenfalls in Douala. Er erbot sich, Steve abzuholen.

Als mein Mann hereinkam, schaute er herab auf die erbarmenswürdige Kreatur, die einen so gesunden Eindruck machen wollte, und meinte: „Du siehst ja toll aus!" Ich wußte nicht, ob ich loslachen oder ihm eine runterhauen sollte.

Er überreichte mir die Geschenke, die er aus Uganda mitgebracht hatte, und auch ich hatte etwas für ihn besorgt: einen neuen Ehering, nachdem er den ersten ja versehentlich zum Autofenster hinaus geworfen hatte. Ich hatte den neuen Ring bei einem Straßenhändler erstanden, und er war sein Gewicht in Bananenschalen nicht wert, aber ich hatte gedacht, daß er als Auftakt zu einem romantischen Abend dienen könnte. Aber daraus wurde nichts, denn ich hatte Nesselfieber, und außerdem wußten wir gar nicht, wo wir bleiben sollten, denn bei Carol war es zu eng. Aber Hauptsache, Steve war wieder heil zurück. Zum Glück kamen wir dann doch noch im Gästehaus der Baptisten unter. Jetzt ging es darum, mich zumindest für die fünfstündige Jeepfahrt nach Bamenda wieder fit zu bekommen. Carol brach schon am kommenden Tag dorthin auf. Wir baten sie also, sie möge doch nach den Kindern schauen und ihnen ausrichten, daß wir auch bald kämen.

Es wurde Donnerstag, und mir ging es nicht besser, sondern schlechter. Der Ausschlag fing jetzt auch noch an zu jucken. Ich konnte gar nicht glauben, daß man sich an so vielen Stellen gleichzeitig kratzen kann. Steve ging zur Apotheke, wo man ihm zu Antihistamintabletten und einer Salbe riet. Mit der rieb er mich von Kopf bis Fuß ein, und diese Maßnahme in Verbindung mit den Tabletten brachte tatsächlich Linderung. So wagten wir es denn auch, ein Restaurant zu suchen, wo wir essen konnten.

Wir entschieden uns für ein Hotelrestaurant in der Nähe des Gästehauses. Wir hatten ein entspanntes Essen, während dessen wir einander erzählen konnten, was wir in den vergangenen Monaten erlebt hatten. Als wir fertig waren mit dem Essen, ging Steve zum Kellner, um ihm irgendetwas zu sagen, und genau in diesem Augenblick überkam mich wieder das große Jucken. Ich mußte unbedingt einen Ort finden, wo ich mich kratzen konnte. Unmöglich, erst noch Steve Bescheid zu geben. Ich stürzte auf die nächste Tür mit der Aufschrift „Ausgang" zu und landete in einem dunklen Treppenhaus. Dort kratzte ich mich wie wild und kramte verzweifelt in den Tiefen meiner Handtasche. Irgendwo mußte doch die Salbentube sein! Bis ich sie endlich fand, war ich schon den Tränen nahe. Ich fingerte den Verschluß herunter und schmierte mir Unmengen von dem Zeug auf den ganzen Körper. Oben gingen Türen auf und zu, aber das war mir in dieser Situation völlig egal. Sie konnten mich ruhig für einen dieser „verrückten Ausländer" halten.

Ich weiß nicht mehr, wie lange ich mich in dem dunklen Treppenhaus aufgehalten habe. Als ich jedenfalls zurückkam, saß Steve in der Eingangshalle und schaute gar nicht glücklich drein. Ich mußte lachen, aber das verstärkte seinen Mißmut nur noch. Er hatte sich große Sorgen um mich gemacht. Ohne ihm etwas zu sagen, sei ich plötzlich weg gewesen und nicht innerhalb der „normalen" Zeit wieder aufgetaucht. Ich muß gestehen, daß ich gerührt war von seiner Fürsorge, aber nichts hätte mich hindern können, mich zu kratzen.

Am nächsten Morgen ging es mir viel besser, also überlegten wir, uns auf den Rückweg nach Bamenda zu machen. Als ich aus dem Badezimmer kam, holte uns der Leiter des Gästehauses ans Telefon. Wer sollte uns um diese Zeit anrufen? Nach ein paar Minuten kehrte Steve zurück und meinte, ich solle zu ihm herkommen. „Was ist los?", fragte ich ihn.

„Komm, setz' dich aufs Bett. Ich habe eine schlechte Nachricht."

Was hatte das zu bedeuten? Steves Verhalten irritierte mich. Aber was ich dann hörte, darauf war ich wirklich nicht gefaßt gewesen. Er nahm mich in die Arme und sagte ganz sachte: „Colby hat in der letzten Nacht Gift getrunken. Er hat es nicht überlebt."

Eine neue Schöpfung

Ich weiß nicht mehr, was ich darauf sagte. Ich weiß nur noch, daß ich es im ersten Moment nicht glauben konnte, aber dann erinnerte ich mich an Christina, und ich wußte, daß der Tod sehr real war. Ich wußte auch, daß mein Mann direkt neben mir war, und daß er es gewesen war, der die Worte gesagt hatte. Als mir dämmerte, daß das, was er gesagt hatte, wahr war, konnte ich nur noch weinen und klagen und Gott anrufen, während Steve mich an sich zog und mich hielt, so fest er konnte.

„O Gott", rief ich, „warum denn zwei? Warum muß ich gleich zwei Kinder hergeben?" Und ich weinte und weinte und weinte. Der Schmerz dieses völlig unerwarteten Verlustes zerriß mir das Herz. Würde Gott mir doch nur irgendeine Linderung verschaffen!

Ich wußte, daß meine Schreie im ganzen Gästehaus zu hören waren, und deshalb war ich froh, daß ich in Afrika war. Dort ist es normal, daß man bei einer schlimmen Nachricht seinen Schmerz lauthals herausschreit und weint und klagt. Ich hätte auch gar nicht anders gekonnt. Hier können wir wirklich viel von den Afrikanern lernen. Bei uns heißt es viel eher einmal: „Alles in Ordnung, ich habe alles im Griff. Ich bin schließlich Missionar (oder Pastor oder was auch immer)." Warum geben wir nicht zu, wie weh es tut? Warum gestehen wir unseren Schmerz nicht ein? Als Hiob alles genommen war, was er hatte, da war sein Schmerz so groß, daß er den Tag verfluchte, an dem er geboren wurde. Seine Fragen bezogen sich nicht auf die Allmacht und Souveränität Gottes. Das geht ganz eindeutig aus seiner Aussage „Der Herr hat gegeben, der Herr hat genommen; gelobt sei der Name des Herrn" (Hiob 1,21) hervor. Er suchte vielmehr nach Antworten, die den Schmerz erklärten, den er aushalten mußte.

Wenn einem jemand, den man liebt, für immer entrissen wird, dann tut das unsäglich weh. Das war mein Schmerz, mein Kummer. Es gibt viel zu viele Christen, die glauben, daß es als Zeichen des Unglaubens oder als Charakterschwäche ausgelegt wird, wenn sie sichtbar trauern. Aber aus eigener Erfahrung weiß ich, daß Gott nur dann anfangen kann, unser Herz wieder zu heilen, wenn man diese Gefühle des Verlustes zuläßt.

Dean wollte uns mit dem Hubschrauber abholen kommen. Wir packten also unsere Sachen, und der Leiter des Gästehauses brachte uns zum Flughafen. Das Warten wurde mir zur Ewigkeit. Steve schaute, daß er einen Flugplan zusammenstellte und Treibstoff für den Heimflug auftrieb, während ich in dieser Zeit beim Fahrer im Auto blieb. Ich war erschöpft von der Hitze und durch den Schmerz wie betäubt. Immer wieder kam Steve zwischendurch zum Auto zurück und nahm mich in die Arme, aber alles, was mir durch den Kopf ging, war die eine Frage an Gott: „*Warum zwei, Gott, warum gleich zwei? Was habe ich denn getan?*"

Gegen Mittag traf Dean ein. Er sprach kurz mit Steve und kam dann auf mich zu. Auf der Stelle fing ich wieder an zu weinen, und er hielt mich fest und zeigte mir sein Mitgefühl.

Der Heimflug war der schlimmste Flug, den ich je erlebt habe. Wir sprachen kaum, und wenn, dann waren es nur Belanglosigkeiten. Wir kamen gegen 13.30 in Bamenda an und wurden dort von vielen Missionaren und der einheimischen Gemeinde begrüßt. Aber am wichtigsten waren uns die beiden, die unsere Buben gehütet hatten. Sie taten Steve und mir so unendlich leid, und wir wollten ihnen unbedingt zeigen, daß wir sie immer noch lieb hatten. Als ich das verweinte Gesicht der jungen Frau sah, fielen wir uns nur in die Arme und weinten zusammen. Können Sie sich vorstellen, wie Ihnen zumute wäre, wenn ein Ihnen anvertrautes Kind in Ihrer Obhut sterben würde? Nur Gott allein kann diesen Schmerz ganz erfassen, aber selbst in unserer begrenzten Sicht der Dinge konnten Steve und ich uns vorstellen, wie sehr sie litten. Wir wollten jedenfalls alles tun, um ihnen zu zeigen, daß wir und unser Schmerz ihrem Heilwerden nicht im Wege stehen wollten.

Im Wohnzimmer von Dean und Kaylene besprachen wir Colbys Beerdigung. Ich war, was diese Entscheidungen betraf, sehr auf Steve angewiesen. Mir ging es körperlich immer noch ziemlich schlecht, und ich wollte nur, daß die anderen das taten, was sie für das Beste hielten. Der Umgang mit Tod, Bestattungen und allem, was damit zusammenhängt, ist in Afrika so ganz anders, und innerhalb von fünf Minuten stand fest, daß der Trauergottesdienst noch am selben Nachmittag um 16.30 stattfinden sollte. Die Kirchengemeinde kam zusammen und kümmerte sich um alle Einzelheiten. Ihr liebevolles Vorgehen war ein Zeugnis, und es erinnerte mich daran, wie die Christen in den ersten Gemeinden sich umeinander gekümmert hatten.

Eine kleine Gruppe von Leuten fuhr in die Klinik, um Colby zu holen. Steve hatte Colby seit über einem Monat nicht gesehen, und ich fragte mich, wie es ihm dabei ging, so lang weg gewesen zu sein und Colbys letzte Lebenswochen gar nicht mitbekommen zu haben. Ich staunte über seine Zartheit und sein liebevolles Vorgehen, während er und Pat Minerts, ein Missionar und Freund, Colby für die Bestattung herrichteten. In Kenia hatte er für ihn neue Kleider gekauft, und die zog er ihm jetzt ganz sorgfältig an. Pat seinerseits kämmte ihm das Haar und legte ihm ein wenig Farbe auf die Wangen.

Allmählich trafen die Leute zur Beisetzung ein. Kurz bevor der Sarg gebracht wurde, setzte sich Steve zu mir auf die Couch und fragte mich sanft, ob ich Colby noch einmal sehen wolle, ehe er draußen aufgebahrt würde. Ich wußte nicht recht, ob ich mir das zutrauen konnte. Ich war körperlich noch so geschwächt, daß ich nicht wußte, ob ich es seelisch durchstehen würde, aber ich wollte mich doch noch von meinem kleinen Sohn verabschieden und ihm sagen, wie sehr ich ihn liebte. Steve führte mich ins Schlafzimmer. Colby lag auf einem Tisch neben dem Schrank. Die folgenden Augenblicke, in denen ich seine kleine Hand hielt, waren etwas so Besonderes, und ich brauchte sie einfach, um meinen Schmerz und meine Trauer zu verarbeiten. *Mein kleiner Colby, leb' wohl. Mein kleiner Colby, ich lieb' dich so. Wir alle lieben dich so.*

In Kamerun bleibt normalerweise beim Trauergottesdienst der Sarg noch offen, was mir eigentlich nichts ausgemacht hätte, aber ich befürchtete in diesem Fall, daß Colbys Beerdigung zu einer Art Show werden könnte, bei der alle nur das „weiße Kind" sehen wollten. Kaylene erspürte, was ich empfand, und sorgte dafür, daß Leute, die nur in den Sarg gucken wollten, keinen Zugang bekamen. Der Sarg stand auf unserem kleinen Flugplatz, nicht weit weg vom Hubschrauber. Dann gingen wir gemeinsam von dort aus den Hügel hinunter zum Grab. Der Gottesdienst selbst war wunderschön und tröstlich. Aber mir ging dabei der andere Gottesdienst vor vier Jahren nicht aus dem Sinn, als unsere Tochter beerdigt worden war. Ich fühlte mich merkwürdig – wie in einem Traum. Verzweiflung packte mich, und gleichzeitig spürte ich die Liebe der Menschen um mich her. Ich fühlte mich völlig hilflos, und dennoch empfand ich einen Neuanfang für Colby und für Steve, Steven und mich als Familie. Ich weiß noch, wie ich durch den Zaun einige einheimische Nachbarn erkannte und betete, daß sie gerade jetzt, angesichts des Todes, eine Botschaft der Hoffnung hören würden. Zur selben Zeit wünschte ich mir nichts sehnlicher, als daß Colbys Tod nur ein riesiger Irrtum sein möge.

Die Beisetzung unseres kleinen Colby fand am Freitag, dem 6. März statt. Aus Blumen aus ihrem Garten fertigte Kaylene ein kleines Gesteck fürs Grab. Wir gingen anschließend kurz zu ihr und Dean nach Hause zu einem kleinen Empfang, und eine Stunde später waren wir schon wieder in unseren eigenen vier Wänden. Ich war überwältigt, wie schnell das alles gegangen war. Schon waren wir wieder allein mit unserer Trauer.

Tags darauf bekam ich wieder Fieber, hatte Anfälle von Schüttelfrost und war ausgesprochen schwach. Am Sonntag schauten die Leute aus der Gemeinde vorbei, um uns ihr Beileid auszusprechen. Die Frauen brachten Essen mit, und die Männer sorgten für genügend Stühle. Während die Frauen das Essen servierten, wurde gesungen, und es wurden tröstende Worte gesagt. Der einheimische Pastor Pius brachte mit bewegenden Worten zum Ausdruck, wie sehr er in unserem Schmerz mit uns fühlte. Viele der etwa vierzig Menschen saßen einfach nur schweigend da. Nach etwa zwei Stunden räumten die Gäste alles wieder auf, und kamen einzeln zu uns, um uns noch einmal ihr Beileid zu bekunden und sich dann zu verabschieden. Es war eine wunderbare Zeit der Gemeinschaft mit der Gemeinde der Einheimischen in Bamenda, und es war ein wunderschöner Ausdruck ihrer Liebe und ihres Mitgefühls.

Am nächsten Tag ging es mir noch schlechter. Steve brachte mich zu einer Blutuntersuchung ins Krankenhaus. Dabei stellte sich heraus, daß ich außer Nesselfieber auch noch Malaria hatte. Der einheimische Arzt gab mir allerhand Sachen zum Schlucken mit und schickte mich wieder heim. Es werde mir schon bald wieder besser gehen, meinte er. Ich hatte so starke Gliederschmerzen, daß ich mich zu Hause, als ich wieder im Bett lag, nur unruhig hin und her wälzte, und im einen Moment Schüttelfrost hatte, im nächsten Schweißausbrüche. Es war so schlimm, daß Steve neben mir nicht schlafen konnte und ein kleines Klappbett neben meines stellte. Zu allem Übel schwirrte mir dann auch noch eine Mücke um die Ohren, während ich da lag und Gott mein Herz ausschüttete, so als wolle sie mich verhöhnen.

Ich muß dann doch irgendwann eingeschlafen sein, wachte aber abrupt wieder auf von einem stechenden Schmerz unterhalb des Schlüsselbeins. Ich schlug so fest ich konnte darauf, aber ich war bereits gestochen worden – von einer Biene. Dadurch wurde Steve wach, aber als ich ihm sagte, was passiert war, glaubte er mir nicht. Er versicherte mir, es sei alles in Ordnung, und ich solle ruhig weiterschlafen. Ein paar Sekunden später atmete er bereits wieder tief und regelmäßig. Ich hingegen konnte nicht wieder einschlafen. Ich starrte auf die Schatten an der Wand und fragte mich, was mir wohl als nächstes widerfahren würde. Als es hell wurde, fand ich dann die tote Biene neben mir auf dem Bettlaken. Triumphierend hielt ich sie Steve unter die Nase. Jetzt blieb ihm gar nichts anderes übrig, als mir zu glauben.

Aber auch an diesem Tag wollte es mit mir nicht besser werden. „Wo ist der Herr denn?" fragte ich mich. „Hört er meine Gebete denn nicht? Was muß ich denn noch alles ertragen?" Ich war es leid, krank zu sein. Die Medikamente hätten eigentlich schon längst Wirkung zeigen müssen. Ich brauchte doch einen klaren Kopf, damit ich meine Gefühle und Gedanken im Zusammenhang mit Colbys Tod verarbeiten konnte. Tief in mir wußte ich genau, daß Gott all das zu einem bestimmten Zweck zuließ, aber zu diesem Zeitpunkt war ich so krank, müde und mutlos, daß ich am liebsten gestorben wäre, um das alles hinter mir zu haben.

Am Donnerstag stellte sich heraus, daß ich austrocknete, und weil die Medikamente nicht anschlugen, mußte ich ins Krankenhaus an den Tropf. Dort lag ich also in einem heißen stickigen Raum auf einer Liege mit Kunstlederbezug und bekam erst einmal eine Flasche frisches Wasser. Als es Abend wurde, merkte ich, daß die Salz-Zucker-Lösung, die in meine Vene tropfte, wirklich etwas ausrichtete. Steve sorgte ganz wunderbar für mich.

Meine Krankheit war schwierig für die ganze Familie. Auch Steven sorgte sich sehr. Der kleine Kerl trug schwer an Colbys Tod, aber Gott hielt ihn fest. Mit seinem kindlichen Glauben und Gesten der Liebe war er uns wiederum ein großer Trost. Jeden Tag kam er mich mit seinem Papa zusammen besuchen und plapperte munter drauflos. Er vermißte seinen Bruder sehr. Das wurde uns besonders deutlich, als er nach einer Weile fragte, wann er eine neue Schwester bekäme.

Nach drei Tagen wurde ich aus dem Krankenhaus entlassen. Zu Hause erzählte mir dann meine Freundin Judy, wie genau es zu Colbys Tod gekommen war. Am Dienstagabend, dem 5. März, entdeckte Colby gegen fünf Uhr irgendwie das Hundeshampoo. Thomas, unser Gärtner, hatte es in der Garage vor dem Haus unter einem leeren Ölfaß versteckt. Es war ein Waschkonzentrat gegen Zecken, das man verdünnt anwenden mußte. Kaum hatte Colby das Shampoo getrunken, war er ins Haus gerannt und hatte sich übergeben. Jonathan, der Babysitter, hatte ihn sofort gefragt, was er gemacht habe, Colbys Antwort war aber nicht eindeutig gewesen, also hatte Jonathan Colby nach draußen gebracht und ihn mit gespielter Ruhe aufgefordert, ihm zu zeigen, was er gemacht hätte. Colby hatte gemerkt, daß er etwas Falsches getan hatte und hatte die Flasche gezeigt, ohne zu wissen, wie schlimm es war. Sofort hatte Jonathan ihn auf den Arm genommen und war zur Straße gerast, um jemanden zu suchen, der sie ins Krankenhaus brächte. 15 Minuten, nachdem Colby das Gift getrunken hatte, waren sie in der Notaufnahme angekommen.

Das Personal hatte sofort alles Erforderliche getan, aber Colby machte nie halbe Sachen. Er hatte wahrscheinlich aus der Flasche getrunken, weil er durstig gewesen war, und er hatte deshalb wahrscheinlich nicht nur daran genippt. Das Gift war dadurch tief in seine Lungen eingedrungen. Auch wenn es in den USA passiert wäre, hätte man nichts mehr für ihn tun können. Wenn man einen Hund mit dem unverdünnten Mittel behandelte, starb er innerhalb von 24 Stunden, so wirksam war es.

Carol war sofort ins Spital gerast, als sie von dem Unfall gehört hatte. Es war wirklich passend, daß Gott ausgerechnet Colbys „Tante Miss Carol" geschickt hatte, um in seinen letzten Stunden bei ihm zu sein. Den ganzen Abend hatte sie ihm Lieder vorgesungen und ihm immer wieder erzählt, wie sehr Jesus – und Mama und Papa – ihn lieb hatten.

Auch Pfarrer John Traherne, Judys Mann, hatte ihn besucht und sich in seiner berühmten Mickey-Maus-Stimme mit ihm unterhalten. Er hatte ihn gefragt, ob er Amy, seine fünfjährige Tochter, sehen wolle. Colby hatte genickt. Das war das letzte Lebenszeichen, bevor er ins Koma fiel. Schon um halb drei in der Nacht war er „eine neue Schöpfung". Er war bei Jesus, seinem Herrn.

Nachdem ich von den Ereignissen erfahren hatte, konnte ich Gott nur dafür danken, daß er Steve und mir den Schmerz erspart hatte, dabei zu sein. Natürlich wäre ich an sich gerne bei Colby gewesen, aber ich glaube, der Herr wußte, daß ich mit den Schuldgefühlen nicht fertig geworden wäre, die ich gehabt hätte, wenn Colby das Gift unter meiner Obhut getrunken hätte. Es wäre einfach unerträglich gewesen, ihn so schnell sterben zu sehen, völlig hilflos daneben zu stehen und am Ende mit all den „Hätte ich doch ..." allein zurückzubleiben.

Auch auf eine zweite Weise hatte Gott uns geschont. Sobald klar war, was passiert war, waren alle Hebel in Bewegung gesetzt worden, um uns zu erreichen. Sogar die Vermittler in den Telefonzentralen waren im Bilde und versuchten es die ganze Nacht hindurch. Eine Frau vergewisserte sich sogar in Bamenda, ob uns in der Zwischenzeit jemand anderes erreicht hätte. Aber erst am nächsten Tag, zehn Minuten bevor wir das Gästehaus verlassen hätten, kam einer durch. Steve und ich waren überzeugt, daß Gott das so gelenkt haben mußte. Wir wären am Boden zerstört gewesen, wenn wir schon am Donnerstagabend davon erfahren hätten. Wir hätten nämlich in Douala festgesessen und aus der Ferne miterleben müssen, wie Colby in Bamenda starb. Diese pure Hilflosigkeit wäre für uns zuviel gewesen.

Die eigentliche Tatsache, daß Colby so etwas gemacht hatte, überraschte uns nicht weiter. Er gehörte zu den Jungen, die alles ausprobieren mußten. Innerhalb von nur sechs Wochen hatte er einmal einen eisernen Zaunpfosten aus dem betonierten Verandaboden gekratzt und ihn herausgezogen, die Gummistoßstange von unserm Jeep abmontiert, Brennholz in den Reservewassertank geworfen, von dem aus Wasser in unser Haus gepumpt wurde, eine ganze Wand bemalt, über hundert Möhren in unserem Garten ausgerissen und sie dann, um seine Untat zu verbergen, durch den Maschendraht gestopft, und war mit einer Farbrolle mit blauer Restfarbe daran einmal um meine frisch gelb gestrichene Küche herumgelaufen, weil er „wie Mama sein" wollte. Er bekam einen Klaps auf den Po, wir stellten ihn in die Ecke, wir schimpften, wir gaben ihm mehr Aufmerksamkeit, wir beteten über ihm. Aber scheinbar half das alles nichts.

Nachdem wir eines Abends wieder für ihn gebetet hatten, kam Steve auf die Idee, ihn mit Essen zu belohnen oder zu bestrafen, denn Colby liebte Essen über alles. Wir beschlossen, diese Methode auszuprobieren, aber nur, wenn Colby etwas kaputt gemacht hatte, oder wenn er etwas getan hatte, wodurch er sich selbst oder andere hätte verletzen können. Als Steve nach Uganda abreiste, ging alles ganz wunderbar. In dem Monat vor seinem Tod hatte Colby angefangen zu begreifen, wo er sich ändern sollte, und wir mußten ihn nicht annähernd so viel ermahnen und mit ihm schimpfen wie in der Zeit davor. Wir wußten, daß Colby nicht bösartig war und daß sein Verhalten auch keine Rebellion war, sondern anscheinend die natürliche Folge seiner Neugier.

In den folgenden Tagen versuchten Steve und ich einen Rundbrief an die Menschen zu schreiben, die uns unterstützten, um ihnen über Colbys Tod zu berichten. Ich beschrieb zunächst, was genau sich zugetragen hatte, beginnend mit meiner Fahrt nach Douala, wo ich Steve vom Flughafen abholen wollte. Ich ließ die Ereignisse und unsere Gefühle Revue passieren und spürte dabei, wie ich von Gottes Liebe eingehüllt und von seiner Gnade gehalten war.

Gott regiert, und ich kann gar nicht sagen, wie sehr ich ihn gerade in diesem Moment liebe. Ich preise ihn für seine Weisheit, seine Gnade, seine Treue. Was hat denn diese Welt zu bieten? Tod, Krankheit und innere Schmerzen, und alles wegen des Fluchs der Sünde . . . . Worauf sonst sollten wir hoffen, wenn nicht auf Christus Jesus, unsern Herrn? Wo sonst auf dieser Welt wird uns echte Hoffnung angeboten? Jesus selbst hat gesagt: „Ich bin die Auferstehung und das Leben. Wer an mich glaubt, wird leben, auch wenn er stirbt" (Johannes 11,25). Bei welchem anderen Gott gibt es das? „Denn also hat Gott die Welt geliebt, daß er seinen eingeborenen Sohn gab, – er starb, um den Fluch der Sünde zu brechen – damit alle, die an ihn glauben, nicht verloren werden, sondern das ewige Leben haben" (Johannes 3,16). Das Evangelium von Christus ist wirklich die Frohe Botschaft!
Ach, wir vermissen und lieben unseren Colby so sehr, aber wir haben diese Hoffnung: „Wir . . . haben vielmehr Lust, den Leib zu verlassen und daheim zu sein bei dem Herrn." (2. Korinther 5,8). Das sind nicht bloß schöne Worte. Wir werden unseren Colby wirklich wiedersehen und dann nie mehr weinen.

Steve schrieb am Anfang seines Briefteils von der großen Verwirrung, die wir beide anfangs empfunden hatten.

Anfänglich war ich sehr verbittert und zornig auf Gott. Wir waren doch dem Ruf Jesu gefolgt und hatten seiner Verheißung vertraut: „Es ist niemand, der das Haus . . . verläßt um des Reiches Gottes

*willen, der es nicht vielfach wieder empfange in dieser Zeit"
(Lukas 18,29.30). Wir hatten doch seinem Wort geglaubt: „Meine
Zuversicht und meine Burg, mein Gott, auf den ich hoffe . . .
Denn er hat seinen Engeln befohlen, daß sie dich behüten auf
allen deinen Wegen, daß sie dich auf den Händen tragen und du
deinen Fuß nicht an einen Stein stoßest. Über Löwen und Ottern
wirst du gehen und junge Löwen und Drachen niedertreten"
(Psalm 91,2.11-13). Oder wie es auch heißt: „Die Zeichen aber,
die folgen werden denen, die da glauben, sind diese: . . . wenn sie
etwas Tödliches trinken, wird's ihnen nicht schaden" (Markus
16,17.18).*

Eine Stelle im Matthäusevangelium brachte Steve auf eine ganz persönliche Weise mit Colby in Verbindung. Eigentlich heißt es dort, daß die Jünger die Leute schroff zurückwiesen, die ihre kleinen Kinder von Jesus segnen lassen wollten. „Der Herr fuhr die Jünger aber dafür an und sprach zu ihnen: ‚Lasset die Kinder und wehret ihnen nicht, zu mir zu kommen; denn solchen gehört das Himmelreich'" (Matthäus 19,13-14). In Steves Umformulierung war der Wortlaut ganz anders, aber die Aussage, daß das Himmelreich Kindern wie Colby gehört, blieb erhalten.

*Der Herr hat mich genauso scharf zurechtgewiesen wie seine Jünger. „Da brachten die Engel den kleinen Colby zu Jesus, damit er ihm die Hände auflege und für ihn bete. Aber ich, Steve, machte ihnen Vorwürfe, weil sie Colby nicht beschützt hatten. Da sprach Jesus: ‚Laß Colby zu mir kommen und hindere ihn nicht daran; denn seinesgleichen gehört das Himmelreich.'"
Es fällt einem mitunter sehr schwer, das Wort Gottes zu akzeptieren, weil man es nicht versteht. Es tut so weh, jetzt ohne einen Menschen leben zu müssen, den wir so sehr geliebt haben.
Colbys Lieblingslied war „Immer noch wirkt er an mir". Er hat es oft begeistert gesungen. Jetzt muß ich akzeptieren, daß er an mir immer noch wirkt, aber daß sein Wirken an Colby vollendet ist. Im Himmelreich hat Jesus nun eine größere Aufgabe für ihn.
Ich muß dem Herrn dafür danken, daß wir ein Teil von Colbys Leben sein durften, daß wir an seinen Freuden und auch an seinen Sorgen teilhaben durften. „Da wird der Feigenbaum nicht*

grünen, und es wird kein Gewächs sein an den Weinstöcken. Der Ertrag des Ölbaums bleibt aus, und die Äcker bringen keine Nahrung; Schafe werden aus den Hürden gerissen, und in den Ställen werden keine Rinder sein [und mein Sohn und meine Tochter sind gestorben]. Aber ich will mich freuen des Herrn und fröhlich sein in Gott, meinem Heil. Denn der Herr ist meine Kraft, er wird meine Füße machen wie Hirschfüße und wird mich über die Höhen führen" (Habakuk 3,17-19).

Langsam heilte Gott uns beide. Wir merkten, daß, wenn wir ihm einfach vertrauten, wie auch immer die Umstände sein mochten, er unseren Glauben stärkte und uns fähig machte, der Welt um uns herum Hoffnung zu vermitteln. Wir brauchten nichts zu tun, als uns an das Wort zu halten, das wir gelernt hatten, und zu glauben, daß der Tod unseres kleinen Colby Teil des ewigen Planes war, den Gott erdacht hat, um die Menschen durch Jesus Christus zu sich selbst zu führen.

Wir vertrauten darauf, daß Gott uns die Kraft für die nächsten Schritte geben würde, auch wenn die äußeren Umstände keineswegs ermutigend waren, denn als ich noch nicht einmal eine Woche aus dem Krankenhaus entlassen war, bekam Steve ebenfalls Malaria. Der Arzt wies ihn gleich ein, denn er wollte nicht riskieren, daß auch bei ihm die Medikamente nicht anschlugen. Zwei Tage lang lag Steve in „meinem" Krankenhausbett und sah etwa so jämmerlich aus, wie ich mich gefühlt hatte, und er tat mir so leid.

In afrikanischen Krankenhäusern gibt es keine Diätassistentinnen, die herumgehen und fragen, was man gern essen möchte. Man bekommt dort nur das zu essen, was einem Verwandte oder Freunde bringen. Mir war es zwar immer noch nicht nach Kochen zumute, und Steve noch weniger nach Essen, aber ich versuchte trotzdem, etwas Schmackhaftes hinzukriegen. Auch wenn Steve keinen Appetit hatte, konnte er doch nach zwei Tagen schon wieder entlassen werden, und war anscheinend einen Tag später schon wieder ganz der Alte. Er wurde so schnell wieder fit, daß er, wenn ich ihn gebeten hätte, ein paar Runden um die Anlage zu joggen, das wahrscheinlich getan hätte – und wenn es nur zum Beweis gewesen wäre, daß er es schon wieder konnte. Ich beneidete ihn um seine rasante Genesung!

Drei Tage lang war ich ständig ins Krankenhaus gefahren und hatte mich um Steve gekümmert. Das hatte mich ausgelaugt, und schon wieder landete ich im Bett. Mit Hilfe von Tabletten und ekelhaften Vitamingetränken, die mir der Arzt verordnet hatte, versuchte ich wieder auf die Beine zu kommen. Jetzt war Steve wieder mit dem Pflegen an der Reihe. Was wohl als nächstes kommen würde?

Befreit

In der darauffolgenden Woche spürte ich förmlich, daß mir die Kräfte schwanden, wie bei einem Leck in einem Rettungsboot. Ich war aber wild entschlossen, meinen Verfall zu ignorieren, weil meine Eltern angerufen und ihren Besuch angekündigt hatten. Ich war begeistert! Gerade jetzt wollte ich einfach „bei meiner Mami sein".

Zu dieser Reise war es auf ganz ungewöhnliche Weise gekommen. Eines Abends, kurz nach Colbys Tod, ging meine Mutter in ihrem kleinen Häuschen auf und ab – verwirrt und zornig und voller Sehnsucht, jetzt bei uns zu sein. In ihrem Ärger rief sie: „Herr, ich will bei meiner Tochter sein!", und forderte geradezu, daß Gott sie erhörte. Aber sie sah keine Möglichkeit, die Hindernisse in Form von Tausenden von Meilen und Tausenden von Dollars zu überwinden. Zwanzig Minuten später rief meine Schwägerin sie an und erklärte ihr, was man tun müsse, wenn man einmal schnell Pässe und Visa benötigte. Meine Mutter schrieb es sich auf, dachte aber, daß sie diese Informationen sowieso nie im Leben brauchen würde. Kurz darauf meldete sich mein Vater von der Arbeit. Ihm gehe es genauso wie ihr. Auch er wolle eigentlich gerne bei uns sein.

Im Laufe der nächsten Tage sammelten die Bewohner der Seniorensiedlung „Winward Isles" in Sarasota, Florida über 5.000 Dollar für meine Eltern, damit sie reisen konnten. Meine Eltern waren total verblüfft. Auf einmal taten sich alle Türen auf. Aber mein Vater hatte noch immer Bedenken, weil er sich Sorgen darüber machte, daß Amerikaner im Ausland in Gefahr sein könnten, und diese Sorge war nicht unberechtigt. Terroristen hatten in Flughäfen Bomben gelegt, Amerikaner als Geiseln genommen und sogar einige getötet. Meine Mutter gab sich Mühe, die Haltung meines Vaters zu respektieren, aber insgeheim betete sie, daß der Herr meinen Vater umstimmen möge.

Am Tag nach der Geldsammlung riefen meine Eltern uns an. Steve unterhielt sich ausführlich mit ihnen, denn ich hatte immer noch mit der Malaria zu kämpfen. Er erzählte ihnen, wie er angesichts von Colbys Tod an Gottes Zusagen zweifelte. Für uns schienen sie nicht zu gelten. Meine Eltern meinten, daß sie besser uns das Reisegeld gäben, damit wir vielleicht zu ihnen in die Staaten kommen könnten. Ich könnte ja eventuell mit Steven kommen, wenn ich wieder gesund sei, entgegnete er, aber er wußte, daß er nicht einfach so weg konnte. Bei diesem Stand des Gespräches versuchte Steve, mich ans Telefon zu bekommen, aber mir ging es in dem Augenblick wieder so schlecht, daß ich ins Bett mußte. Am Ende war wieder alles offen.

Nach dem Anruf setzte sich mein Vater einfach hin und schwieg. Er war tief gerührt, daß wir trotz der Tragödie und trotz unseres Schmerzes doch dableiben und unsere Arbeit fortsetzen wollten. Schließlich sagte er nur zwei Worte: „Auf geht's!" Von dem Augenblick an wirkte Gott wirklich Wunder, so daß alles haargenau zusammenpaßte. Steve und ich freuten uns auf den Besuch und bereiteten alles vor, und es war wirklich schwer zu warten, bis wir den genauen Ankunftstermin erfuhren. Aber es gab noch so viele „kleine" Ärgernisse, die überwunden werden mußten, bevor meine Eltern nach Kamerun abreisen konnten. Die Visastelle in Washington, die für Kamerun zuständig war, verlangte unzählige Formulare mit beglaubigten Stempeln von allen möglichen Behörden. Die Warterei wurde dadurch erschwert, daß es mir immer schlechter ging. Ich bekam abends immer Fieber, das allerdings nie hoch war, und wenn ich Aspirin nahm, ging es weg. Ich machte mir Sorgen, daß ich die lange Fahrt nach Douala zum Flughafen gar nicht schaffen würde, um meine Eltern abzuholen, aber als sie dann endlich kamen, ignorierte ich einfach die Tatsache, daß ich eigentlich sehr krank war.

Am frühen Morgen fuhren wir also zu dritt nach Douala, um sie abholen. Wir übernachteten im Heim der „Seemannsmission", einer Unterkunft für Seeleute, wo wir ein Bett und eine saubere Dusche bekommen konnten. Wir übernachteten dort gern, weil es einen Swimmingpool gab und das beste Grillfleisch von Kamerun.

Der Flug meiner Eltern kam abends verspätet an, und während wir im Flughafenrestaurant warteten, stieg mein Fieber wieder. Als wir sahen, wie ihr Flugzeug auf der langen Rollbahn landete, begaben wir uns in den Ankunftsbereich, von wo aus man von oben in die Zoll- und Gepäckabfertigung schauen konnte, in der Hoffnung, schon einmal einen Blick von ihnen zu erhaschen. Aber als ich über das Geländer in die Abfertigungshalle hinunterschaute, wurde mir schwindelig, und ich mußte mich auf den Boden setzen, damit ich nicht ohnmächtig wurde. Schließlich entdeckte Steve meine Eltern im Gedränge und half mir hinunter, damit wir sie begrüßen konnten. Nach den langwierigen Zollformalitäten drängten sie sich durch die Menge. Meine Mutter umarmte mich fest, musterte mich von oben bis unten und sagte dann: „Meine Güte, bin ich froh, dich zu sehen! Du siehst ja aus wie der Tod auf Latschen!"

„Vielen Dank, Mutter. Ich hab dich auch lieb." Aber sie hatte ja Recht. Ich hatte mich zwar bemüht, meine Blässe mit etwas Makeup zu kaschieren, aber es gibt Dinge, die man vor der eigenen Mutter einfach nicht verbergen kann. Als nächster war mein würdevoller Vater an der Reihe. Seine Umarmung war fest und voller Mitgefühl. Ich hätte mir nicht mal im Traum vorgestellt, ihn irgendwann einmal in der heißen tropischen Stadt Douala in Kamerun zu umarmen. Nachdem auch Steve und Klein-Steven herzlich gedrückt worden waren, fuhren wir durch die Stadt, während meine Eltern von der Reise berichteten. Steven konnte kaum stillsitzen, so gespannt wartete er darauf, was die Großeltern ihm wohl mitgebracht hatten.

Nach der Nacht in der „Seemannsmission" quetschten wir uns am nächsten Morgen in unseren kleinen russischen Jeep. Langsam bahnten wir uns den Weg zur Stadt hinaus, durch geschäftige Straßen hin zu der langen, kurvigen Straße, die zu uns nach Hause führte. Meine Eltern waren unglaublich beeindruckt von der Größe der Schlaglöcher, und sie konnten nicht fassen, daß die Löcher tatsächlich so groß waren, daß man die Straße verlassen und um sie herumfahren mußte. Die Fahrt war für sie ein richtiges Abenteuer.

Etwa auf halbem Weg nach Bamenda machten wir Rast in einem kleinen Dorf namens Kekem. Fast alle Buschtaxis, die diese Strecke von Douala aus befuhren, machten hier Halt, damit die Fahrgäste etwas essen und sich ein wenig die Beine vertreten konnten. Die Buschtaxis waren nämlich vollgestopft mit Menschen, Tieren und unzähligen Bündeln mit allem möglichen Zeugs, das jeden Zwischenraum und jede Ritze ausfüllte und außerdem auch noch hoch aufgetürmt auf dem Dach untergebracht war. Manchmal sah es so aus, als ob durch die schwere Last gleich die Reifen platzen würden. Die Leute, die so reisten, brauchten eigentlich mehr, als sich nur einmal zu recken und zu strecken – sie mußten erst wieder auseinandergeklaubt, ausgeschüttelt und zum Trocknen aufgehängt werden.

Dort in Kekem suchten wir die afrikanische Version unserer Imbißbuden auf. Es wurden dort nämlich kleine Fleischstücke mit scharfer Soße direkt vom Grill verkauft. Wir bestellten Fleisch, allerdings ohne die scharfe Soße. Während das Fleisch brutzelte, fragte mein Vater den „Küchenchef", ob er ihn fotografieren dürfe, während er unser Essen auf dem improvisierten Grill zubereitete. Der Mann stimmte zu, ließ es sich aber bezahlen, seine „Kunst" auf Zelluloid bannen zu lassen; als wir dann aber das Fleisch probierten, war es auch noch zäh und sehnig. Wir waren dadurch ein bißchen entmutigt, aber wir begnügten uns schließlich mit etwas selbstgebackenem Brot und warmer Cola. Bis jetzt waren meine Eltern also nicht gerade überwältigt von unserem Lebensstil, und die Meinung meines Vaters wurde auch nicht besser, als er feststellte, daß die Außentoiletten direkt neben dem sehr geschäftigen und überfüllten Marktplatz waren.

Wir ließen Kekem hinter uns und fuhren in Richtung der etwas höheren Hügel der Nordwestprovinz. Das kühlere Klima dort war für meine Eltern eine Wohltat. Noch überraschter waren sie, als sie bei unserer Ankunft daheim feststellten, daß wir weder in einer Lehmhütte wohnten, noch uns im Fluß waschen mußten. Wir hatten Strom (manchmal) und fließendes Wasser (manchmal) und Toiletten mit Wasserspülung (meistens) und einen Koch (fast immer). Meine Mutter schloß John ganz besonders ins Herz. Sie konnte nicht fassen, daß wir ihm nur 100 Dollar im Monat dafür bezahlten, daß er sechs Tage pro Woche für uns arbeitete. Er kochte nicht nur, sondern er erledigte die Wäsche per Hand in einem Zuber, putzte das ganze Haus, wischte die Böden mit Zeckenmittel, erledigte die meisten Einkäufe auf dem Markt und hütete sogar die Kinder, wenn Steve und ich zusammen im Busch unterwegs waren.

Zwei Tage später ließ ich mich noch einmal im Krankenhaus untersuchen. Ich wollte endlich wissen, was mir fehlte. Das Fieber kam immer früher und stieg immer höher, und ich wurde immer müder. Ich wollte doch nicht die Hälfte der Zeit, die meine Eltern da waren, krank sein. Sie waren um die halbe Erde geflogen, um bei uns zu sein, und ich merkte schon bald, daß mein Vater uns davon überzeugen wollte, zurück in die Vereinigten Staaten zu kommen – und er war entschlossen, das auch zu schaffen. „Habt ihr denn immer noch nicht genug?" fragte er.

Ich konnte mir vorstellen, wie er sich fühlte. Als die Lokalzeitung in Florida von der Katastrophe am Lake Nyos einfach unter der Überschrift „2000 Tote in Bamenda" berichtet hatte, war meiner Mutter der Schreck in die Glieder gefahren, denn ihre Vorstellung von einem afrikanischen Dorf war sicher nicht so, daß es 2000 Einwohner haben konnte. Sie kam erst wieder zur Ruhe, als sie am nächsten Tag mit uns telefonieren konnte. Dann hatten sie von Steves Verhaftung in Uganda erfahren, als ich mit den Jungen allein in Kamerun war. Colbys Tod hatte sie in ihrer Überzeugung, daß wir in Afrika nichts zu suchen hätten, nur noch bestärkt. Sie wollten ihre einzige Tochter und deren Familie bei sich zu Hause haben, wo sie ihrer Meinung nach hingehörte.

All das ging mir durch den Kopf, als mich der Arzt in sein Sprechzimmer rief. Ich saß vor seinem Tisch, als er mir sagte: „Ich kann nichts finden. Der Malaria-Test war negativ. Ich glaube, es ist einfach Streß." Er verschrieb mir noch einmal vier von den ekelhaften Vitaminpulvern und meinte: „Gehen Sie nach Hause, legen Sie sich ins Bett, und werden Sie gesund." Als ich sein Sprechzimmer verließ, war ich durcheinander und deprimiert.

Auf dem Rückweg war ich den Tränen nahe. *„Na gut, Herr"*, murrte ich vor mich hin, *„kann sein, daß ich in letzter Zeit zu viel Streß hatte. Aber wenn ich nach Hause gehen, mich ins Bett legen und gesund werden soll, und das ganz allein, dann wird das ewig dauern, wenn ich bedenke, wie es mir jetzt geht!"* Erst kurz zuvor hatte mir eine Freundin ein Buch über eine Frau geschickt, die in ihrem Dienst für Christus durch zu viel Druck zusammengebrochen war. Die Frau aus dem Buch hatte sechs Wochen im Bett gelegen, bis sie sich wieder erholt hatte. Allein schon beim Gedanken an so eine Maßnahme wurde ich noch kränker. Außerdem mußte ich dann auch noch meinen Eltern erklären, daß meine Müdigkeit und mein Fieber auf *Streß* zurückzuführen waren! Sie hatten den halben Globus umrundet, um uns davon zu überzeugen, daß das hier kein Leben für uns sei und wir wieder nach Hause kommen sollten.

Zu Hause legte Steve eine Schaumstoffmatratze mitten auf den Wohnzimmerfußboden, damit ich trotzdem alles mitbekam, und ich sagte meinen Eltern, was der Arzt gemeint hatte. Sie gaben sich große Mühe, mich zu trösten und mir beizustehen. Aber das Fieber stieg von Tag zu Tag weiter an. Trotz der Krankheit spürten Steve und ich die Aufforderung Gottes, dort zu bleiben, wo wir waren. Und dabei geschah etwas Wunderschönes. Schon nach ein paar Tagen erkannten auch meine Eltern den Ruf Gottes. Sie erlebten mit uns in unserem Alltag unser Engagement, mit Hilfe des Hubschraubers die Liebe Gottes weiterzugeben. Sie erlebten die schlichten Freuden eines Familienlebens im Busch, und sie lernten einige unserer Freunde kennen, die ebenfalls Missionare waren – ganz normale Leute, die Jesus dort dienen wollten, wo sie ihn am meisten verherrlichen konnten. Meine Eltern waren schon recht bald beeindruckt davon, daß wir völlig zufrieden waren mit dem Wissen, daß Gott uns an diesen Platz gestellt hatte und wir genau das taten, was er von uns wollte. Als Christen spürten auch meine Eltern das Wirken und die Hand Gottes in unserem Leben. Ich glaube, es gibt nicht viele Eltern, die den Willen Gottes für ihre Kinder so leicht annehmen, besonders dann, wenn die Kinder aufgrund ihres Gehorsams leiden müssen.

Eines Mittwochs stieg mein Fieber direkt nach dem Mittagessen so hoch wie nie zuvor. Wenn man so hohes Fieber hat, ist man in einer Art Delirium, und ich merkte, wie ich in Selbstmitleid versank. Ich hatte meine Gedanken nicht mehr unter Kontrolle und war total benommen. Ich hatte heftige Gliederschmerzen und völlig verspannte Muskeln. In meiner Verzweiflung bat ich John, doch bitte meine Mutter zu holen. Sie kam, und ich versuchte ihr zu erklären, was los war. Ich wußte nicht, worum ich sie bitten sollte, außer, mir aus der Bibel vorzulesen. Sie nahm die Bibel vom Couchtisch, setzte sich zu mir auf den Fußboden und las mir über eine Stunde lang einen Psalm nach dem andern vor. Mit geschlossenen Augen nahm ich die Wahrheit und Schönheit der Worte auf, und schon bald spürte ich, wie mir heiße Tränen die Wangen hinabliefen, denn jeder Psalm machte mir klar, wie viele Bereiche meines Lebens noch nicht Jesus gehörten.

Herr, strafe mich nicht in deinem Zorn
und züchtige mich nicht in deinem Grimm!
Denn deine Pfeile stecken in mir,
und deine Hand drückt mich.
Es ist nichts Gesundes an meinem Leibe wegen deines Drohens
und ist nichts Heiles an meinen Gebeinen wegen meiner Sünde.
Denn meine Sünden gehen über mein Haupt;
wie eine schwere Last sind sie mir zu schwer geworden.
Meine Wunden stinken und eitern
um meiner Torheit willen.
Ich gehe krumm und sehr gebückt;
den ganzen Tag gehe ich traurig einher.
Denn meine Lenden sind ganz verdorrt;
es ist nichts Gesundes an meinem Leibe.
Ich bin matt geworden und ganz zerschlagen;
ich schreie vor Unruhe meines Herzens.
Herr, du kennst all mein Begehren,
und mein Seufzen ist dir nicht verborgen.
Mein Herz erbebt, meine Kraft hat mich verlassen,
und das Licht meiner Augen ist auch dahin.
(Psalm 38,1-11)

Aber vieles, was sie mir vorlas, war wie Balsam für meine Seele. Durch das Wort Gottes konnte ich mich wieder auf Jesus konzentrieren und mich selbst und meine derzeitigen Lebensumstände erst einmal zurückstellen. Friede durchströmte meinen ganzen Körper, ich konnte wieder klar denken und schüttete dem Herrn mein Herz aus.

Entsündige mich mit Ysop, daß ich rein werde;
wasche mich, daß ich schneeweiß werde.
Laß mich hören Freude und Wonne,
daß die Gebeine fröhlich werden, die du zerschlagen hast.
Verbirg dein Antlitz vor meinen Sünden,
und tilge alle meine Missetat.
Schaffe in mir, Gott, ein reines Herz,
und gib mir einen neuen, beständigen Geist.
Verwirf mich nicht von deinem Angesicht,
und nimm deinen heiligen Geist nicht von mir.
Erfreue mich wieder mit deiner Hilfe,
und mit einem willigen Geist rüste mich aus.
(Psalm 51,9-14)

Vor die Wahl gestellt

Wir kamen zu dem Schluß, daß, was auch immer mir fehlte, es sich nicht einfach nur um Streß handeln konnte. Aber weil es mir zu peinlich gewesen wäre, noch einen weiteren einheimischen Arzt aufzusuchen, beschlossen wir, ins Krankenhaus der Baptistenmission in Banso zu gehen, die etwa zwei Autostunden entfernt war. Als wir gerade aufbrechen wollten, rief Dean an und bat Steve, noch rasch zum Hangar zu kommen. Was sollte das? Ausgerechnet jetzt, wo wir doch losfahren wollten.

Steve kam zurück und berichtete, es sei ein Telex aus der Schweiz gekommen. Wir sollten nach Äthiopien gehen! Diese Nachricht hatte ihm Dean lieber am Hangar als bei uns zu Hause überbringen wollen, denn er wußte, wie krank ich war. Er wollte mich nicht noch mehr belasten und vielleicht meine Genesung durch diese plötzliche Nachricht einer Versetzung verzögern. Ich bat also Gott um Vergebung für mein vorschnelles Urteil über Dean und segnete ihn und Kaylene für ihre liebevolle Freundschaft während dieser für uns so schweren Zeit.

Die Vorstellung, bald wieder umzuziehen, machte mir aber gar nicht viel aus. Bei der Armee hatten wir das oft genug miterlebt. Ich wußte nur nicht, wie wir das in nächster Zeit bewerkstelligen sollten, denn erst einmal mußte ich gesund werden.

Wir bestiegen den Kombi und machten uns auf den Weg nach Banso. Meine Eltern waren nicht sehr angetan von der Schotterpiste, auf der wir fahren mußten, aber sie wurden durch die Schönheit der Landschaft weitgehend entschädigt. Es war gerade Trockenzeit, und als wir im Krankenhaus ankamen, waren wir über und über mit orangebraunem Staub überzogen. Zweimal mußten wir kräftig unsere Haare bürsten, bis wir wieder halbwegs ansehnlich waren. Mein Vater fragte mich immer wieder: „Das ist doch wunderbar, nicht wahr? So etwas hast du doch bestimmt gemeint, als du vom ‚wunderschönen Afrika' geschrieben hast, oder?"

Am nächsten Morgen hatte ich meinen Termin bei Dr. Money. Er untersuchte mich gründlich, obwohl ich den Verdacht hatte, daß er schon wußte, womit er es zu tun hatte. Er sah sich selbst die Bluttests an und stellte fest, daß ich Malaria hatte, und zwar einen Stamm, der resistent war gegen die gängigen Medikamente. Außerdem stellte er fest, daß ich anämisch geworden war, also bekam ich eine ziemlich aggressive Behandlung, um die Krankheit vollständig aus meinem Körper zu vertreiben.

Dr. Money wollte, daß ich drei Tage lang im Gästehaus neben dem Krankenhaus bliebe. Über die Aussicht auf diesen Aufenthalt war niemand begeistert. Wir hatten alle nur einmal Kleider zum Wechseln mit, und wir hatten auch nur ganz wenig Nahrungsmittel dabei. Aber wir fügten uns pflichtbewußt.

Während der drei Tage im Gästehaus erkundeten meine Eltern Banso gründlich und machten weitere Erfahrungen mit dem Leben um Busch. Sie besuchten dabei auch den Markt, wie mir mein Vater später erzählte, wo es Töpfe und Pfannen, Hosen, Schuhe und Rindsleber gab – ja, dort war wirklich alles zu haben. Außerdem hatten sie die beiden Nationalgerichte Fufu und Jamajama probiert.

Fufu wird aus gemahlenem Mais zubereitet, das man in einem riesigen Topf auf offenem Feuer kocht. Noch in heißem Zustand werden daraus mit der Hand kleine Kugeln geformt, in die mit dem Daumen eine Vertiefung hineingedrückt wird. Dann taucht man diesen „Breilöffel" in die Fleischsoße und ißt ihn. Von der Konsistenz her ist Fufu wie fester Grießbrei. Es schmeckt gar nicht schlecht, wenn es sorgfältig, das heißt ohne Klümpchen, zubereitet und heiß gegessen wird, und ich glaube, meiner Mutter hat es auch geschmeckt. Aber wenn es abgekühlt ist, ist es wie zäher Teig. Jamajama ist ein grünes Blattgemüse; für mein Empfinden ein recht schlaffes, feuchtes Grünzeug.

Aber die größte Überraschung erlebte meine Mutter, als wir bei einer Missionsärztin zum Essen eingeladen waren. Der Koch hatte das Schweinefleisch nicht lange genug schmoren lassen, so daß es noch nicht gar war. Die Ärztin fragte uns also, ob es uns etwas ausmachen würde, etwas anderes zu essen. Meine Mutter erwiderte darauf scherzend: „Stecken Sie's doch einfach in die Mikrowelle." Ziemlich entgeistert fragte darauf die Ärztin: „Wissen Sie etwa, wie das geht? Ich habe nie gelernt, wie man Fleisch in der Mikrowelle zubereitet. Können Sie es mir nicht zeigen?" Meine Mutter konnte natürlich nicht glauben, daß die Frau hier im afrikanischen Busch eine Mikrowelle hatte. Sie zeigte ihr dann, wie sie das Fleisch zubereiten mußte, und zwanzig Minuten später hatten wir ein wunderbares gares Abendessen auf dem Teller.

Mein Vater genoß in dieser Umgebung einige Football-Spiele auf Videokassetten. Das Beste daran war, daß er die Ergebnisse schon kannte, aber das machte ihm gar nichts aus. Ich persönlich verabscheue Football (genau wie Baseball und Basketball etc.), und einer der Gründe, weshalb ich gerne in Afrika war, war, daß montags nicht der obligatorische Footballabend war (und auch die übrigen Abende „ballfrei" waren), aber es machte mir auch Spaß, wie meine Eltern sich über den technischen Schnickschnack der Zivilisation hier im Busch von Kamerun so begeistern konnten.

Außerdem inspizierte meine Mutter das Krankenhaus. Sie war jahrelang Oberschwester in der Notaufnahme eines großen städtischen Krankenhauses gewesen, aber was sie dort erlebt und gesehen hatte, war in nichts vergleichbar mit dem, was sie im Busch von Kamerun sah. In den Schlafsälen reihte sich Bett an Bett, und auf mitgebrachten Matten lagen die Patienten sogar in den Gängen. Dazu kamen auf jeden Kranken zwei bis drei Angehörige, die für sein Essen sorgten; im Einzelfall sogar ganze Familien, wodurch sich die Zahl der Menschen in der Klinik verdoppelte oder verdreifachte. Viele hatten sich mit ihrer gesamten Habe auf dem Außengelände niedergelassen.

Erschwert wurde die Arbeit der Ärzte dadurch, daß die Menschen an die Medizinmänner oder andere Zauberkräfte glaubten. Die Medizinmänner benutzten Pflanzen und Wurzeln, Blätter und Samen, um den Menschen zu helfen. Viele Menschen vertrauten dem Medizinmann so lange, bis sie fast tot waren. Erst dann suchten sie Hilfe bei der „Medizin des weißen Mannes", aber selbst bei schneller Diagnose und ohne Komplikationen war es dann oft schon zu spät. Wenn der Patient dann starb, behaupteten die Menschen, besonders aber die Medizinmänner, die Medizin des weißen Mannes sei daran schuld. Es war sehr schwer, den Dorfbewohnern zu erklären, daß es nicht an den Medizinmännern lag, daß die Kräuter wirkten, sondern daß es Gott war, der diese Medikamente zum Wohl und Nutzen des Menschen erschaffen habe. Bei richtiger Anwendung könne sie jeder Mensch verabreichen, und sie würden helfen.

Auf ihren Rundgängen sah meine Mutter zwar nicht pastellfarbige Wände mit schön gerahmten Bildern bekannter Künstler, aber sie fand ein hingebungsvolles Team von Ärzten und Schwestern vor, die sich großartig und liebevoll um die Menschen kümmerten. Viele waren gebürtige Kameruner, die das Privileg einer Schulbildung und einer Krankenpflegeausbildung genossen hatten. Und sie sah, daß selbst unter den primitiven Bedingungen dort Patienten behandelt, geheilt und nach Hause entlassen wurden.

An diesem Nachmittag, als Steve mich ins Bett brachte und mir ein Brot zubereitete, dachte ich nicht an das Leben in Afrika und an alles, was daran so besonders war. Ich bemitleidete mich selbst. Ich wollte nicht wieder fünf Tage darum kämpfen, daß es mir besser ging, acht oder neun Tabletten auf einmal schlucken und auch noch die heftigen Nebenwirkungen der Malariatherapie auf mich nehmen – ein lautes Klingeln in den Ohren.

Schon bald erreichte mein Fieber wieder Spitzenwerte. Schüttelfrost und Schweißausbrüche quälten mich und starteten einen weiteren brutalen Angriff, bevor die Medikamente anfangen konnten, den Krieg in mir zu beenden. Steve und meine Eltern waren nach draußen gegangen, um etwas frische Luft zu schnappen, und als Steve zurückkam, war ich fast schon im Delirium. In meiner Verzweiflung bat ich ihn, mir etwas aus der Bibel vorzulesen, weil ich mich daran erinnerte, wie sehr mir das schon einmal geholfen hatte. Als er las, erinnerte mich eine der Stellen an den Vers im Philipperbrief, den ich so gern persönlich erfahren wollte, den Vers, den der Herr mir gegeben hatte, als ich nicht wußte, ob ich in die Missionsarbeit gehen sollte: „Ihn möchte ich erkennen und die Kraft seiner Auferstehung und die Gemeinschaft seiner Leiden und so seinem Tode gleichgestaltet werden, damit ich gelange zur Auferstehung von den Toten" (Philipper 3,10.11).

Als ich jetzt da im Bett lag und meinen Mann ansah, wie er las, mußte ich an diesen Vers denken. Wie konnten der Tod unserer zwei Kinder, meine lange, schwere Krankheit, die täglichen Schwierigkeiten, die wir im Dienst für den Herrn schon hatten aushalten müssen und sogar der Bienenstich eines nachts mir zeigen, was dieser Vers bedeuten sollte? Was hatte dieser Vers mit mir zu tun? Was hatten unsere Erfahrungen gemeinsam mit dem, was Jesus für mich am Kreuz erlitten hatte? „Herr, bitte zeig' es mir", betete ich.

In diesem Augenblick merkte ich, wie Gott klar und sanft zu mir sprach: „Kathy, nicht *was* du erleidest, verändert irgend etwas, sondern inwieweit du in der Lage bist, das Leid, so schwer es auch sein mag, so zu tragen, wie Christus es getan hat."

Und mit diesen Worten, die ich bekam, kam mir auch ein Bild von Jesus in den Sinn, und ich konnte den Unterschied sehr deutlich erkennen. In der Bibel heißt es, daß Jesus so ruhig wie ein Lamm in seinem Leiden war und ohne Klagen akzeptierte, was ihm der Vater als seinen vollkommenen Willen auferlegte. Mein eigenes Leid ist nicht zu vergleichen mit dem, was Jesus für mich getan hat, aber Jesus vertraute dem Vater und gab sein Leben hin, um zu zeigen, wie sehr er mich liebt. Als mir das klar wurde, verstand ich endlich, was das Problem war. Ich wußte, ich hatte noch gar nicht akzeptiert, daß mein Leiden zu Gottes vollkommenem Plan für mein Leben gehörte.

Genau wie Christinas und Colbys Tod war auch meine Malaria ein Teil des ewigen Planes Gottes für mein Leben. Der springende Punkt war schlicht und ergreifend, ob ich Gott vertrauen wollte oder nicht. Waren die Wahrheiten und Geschichten aus der Bibel nichts als beschriebenes Papier, oder waren sie wirklich Worte des Lebens und der Hoffnung, die mir persönlich galten?

„Meine lieben Brüder, erachtet es für lauter Freude, wenn ihr in mancherlei Anfechtungen fallt" (Jakobus 1,2).

„Denn ich bin überzeugt, daß dieser Zeit Leiden nicht ins Gewicht fallen gegenüber der Herrlichkeit, die an uns offenbart werden soll" (Römer 8,18).

„Der Gott aller Gnade aber, der euch berufen hat zu seiner ewigen Herrlichkeit in Christus Jesus, der wird euch, die ihr eine kleine Zeit leidet, aufrichten, stärken, kräftigen, gründen" (1. Petrus 5,10).

★

Oder anders ausgedrückt: War ich bereit, meinen Blick von den Umständen weg und auf Jesus zu richten? Ich wußte, daß meine Lebensumstände und mein Leid mich überwältigen würden, wenn ich es nicht tat. Ohne dieses Vertrauen auf Jesus hatte ich keine Hoffnung, und es gab keinen Unterschied zwischen mir und einem Nichtchristen.

Es war jetzt an mir, eine Entscheidung zu treffen, denn der Herr hatte mich durch sein Wort geleitet und an diesen Punkt gebracht. Während ich über die Bibelstellen nachdachte und während Steve und ich darüber sprachen, wie Gott in unserem Leben bereits gewirkt hatte und immer noch wirkte, erlaubte der Herr es mir, mein Leid an ihn loszulassen, und innerhalb von zwanzig Minuten fühlte ich mich besser und zuversichtlicher als seit Tagen. Ich maß noch einmal Fieber, aber es war nicht gesunken. Ja, eigentlich hatte sich an meinem körperlichen Zustand gar nichts geändert. Ich hatte immer noch Schüttelfrost. Ich hatte immer noch Schweißausbrüche. Der Unterschied lag ganz allein in meiner Einstellung und in meiner Fähigkeit, meine Lebensumstände vollständig und ohne zu klagen Gott auszuliefern und zu akzeptieren, daß sie zu Gottes vollkommenem Plan für mich gehörten. Als ich das getan hatte, konnte ich mein Leiden mit Freude aushalten. „Das ist mein Trost in meinem Elend, daß dein Wort mich erquickt" (Psalm 119,50).

Eigentlich hätte ich das alles wissen müssen, denn schließlich war ich schon seit Jahren Christ. Ja, der Herr hatte mich unterwiesen, und das sehr gut, und ich weiß, daß er es war, der mich fähig machte, auch in den Prüfungen und Anfechtungen ihm zu vertrauen. In Kolosser 2,2 betet Paulus: „... damit ihre Herzen gestärkt und zusammengefügt werden in der Liebe und zu allem Reichtum an Gewißheit und Verständnis, zu erkennen das Geheimnis Gottes, das Christus ist, in welchem verborgen liegen alle Schätze der Weisheit und der Erkenntnis" (Kolosser 2,2.3). In seiner unendlichen Weisheit möchte Gott, daß ich ihn persönlich und innig kenne. Seine Liebe zu mir und sein Wunsch nach meiner Vollkommenheit sind so stark, daß, wie es in Hebräer 4,12 heißt, sein Wort „Seele und Geist" scheidet. Was ich früher nur mit dem Kopf verstanden hatte, das sollte jetzt ins Herz gelangen. Gott wünschte sich, daß ich mit meinem ganzen Wesen Jesus immer ähnlicher würde, ja, daß er in mir wirklich Gestalt annahm. An jener Stelle des Hebräerbriefs steht auch, daß Gottes Wort „richtet über die Regungen und Gedanken des Herzens." Das geschah bei mir an jenem Tag, dort auf dem Krankenlager in Afrika.

Jetzt erst wurde ich frei, daß er mein Herz heilen konnte. Als mir dann plötzlich meine Schuldgefühle über den Tod von Christina und Colby hochkamen, schnitt sein Wort um so tiefer. Ich hatte immer gedacht, daß ich das im Glauben schon eingeordnet hätte, und außerdem wollte ich darin ja durchaus Gott vertrauen. Aber ich kam trotzdem nicht davon los. Diese Gefühle klebten an mir wie nasse Asche an einem verkohlten Stück Holz. Bewußt oder unbewußt suchen wir bei einem Tod immer einen Schuldigen – auch wenn wir es selbst sind. Aber in den darauffolgenden Wochen durfte ich hier tiefer in Gottes Wort eindringen und besser verstehen, wie ich mit meinen Schuldgefühlen umzugehen hatte.

Nach diesen drei Tagen Krankenhausaufenthalt ging es mit mir allmählich wieder bergauf, und wir konnten nach Bamenda zurückfahren. Weitere zwei Tage später mußten wir meine Eltern schon wieder nach Douala bringen. Vor allem Steven fiel dieser Abschied schwer, denn er hatte sich bestens mit ihnen verstanden. Sein Großvater hatte ihm einen Baseballschläger und einen Ball mitgebracht und eifrig mit ihm geübt, und von seiner Großmutter wurde er nach Strich und Faden verwöhnt. Aber jetzt mußten wir alles für den Umzug nach Äthiopien vorbereiten.

Vor der Abreise ließen wir noch einen Grabstein für Colby machen. Wir beauftragten einen jungen Mann, einen Zementblock herzustellen, und bevor der Zement getrocknet war, ritzte ich mit einem großen Nagel die folgende Inschrift hinein:

Colby Matthew Bartalsky
23. 8. 83   6. 3. 87
„Eine neue Schöpfung"

Der Stein sah ein bißchen grob und rauh aus, aber er paßte sehr gut zu der Einfachheit der Kultur und der etwas rauhen Landschaft. Der Grabstein würde andere immer daran erinnern, daß es etwas kostet, das Evangelium von Jesus Christus voranzutreiben. An jenem Nachmittag ging ich von dem Grab weg mit dem Gefühl, daß etwas Neues vor uns lag, und ich schrieb in mein Gebetstagebuch:

29. April 1987

Mein Gott, . . . du erfüllst mich mit Freude und Frieden. Ohne Colby ist das Haus so ruhig und still. Herr, er fehlt mir so! Ich weiß, daß du keine Fehler machst, aber ich vermisse ihn ganz einfach. Es bricht mir das Herz, wenn daran denke, welchen Tod er gestorben ist, wie schnell alles ging, daß ich nicht da war, und daß ich ihm nicht noch einmal sagen konnte, wie lieb ich ihn hatte. Herr, du siehst meine Tränen um ihn, und du weißt, wie lieb ich ihn hatte, und bitte laß du ihn wissen, wie mir ums Herz ist, denn du siehst ihn ja jeden Tag. Ich weiß, daß er jetzt begreift, daß wir keine perfekten Eltern waren, aber wir haben ihn so sehr geliebt. Ich kann meinen Schmerz um diesen Verlust weder erklären noch in Worte fassen, aber du kennst ihn, und ich will auch nicht selbstsüchtig werden. Ich weiß, daß ich ihn, meine Erinnerungen, meinen Schmerz und mein ganzes Herz völlig an dich loslassen muß. Nachts ist es am schlimmsten. Wenn ich wach im Bett liege, rasen mir so viele Gedanken und Gefühle durch den Kopf. Dann mühe

ich mich wirklich ab, deinen Frieden zu suchen, damit ich nicht von Angst überwältigt werde. Mit Steve und Steven ist es nicht anders. Auch sie muß ich loslassen an dich und sie dir ganz anvertrauen, wenn es dein Wille sein sollte, sie auch zu dir zu holen. O Herr, bewahre mein Herz vor der Angst, denn die vollkommene Liebe treibt ja die Angst aus. Erfülle mich mit deiner vollkommenen Liebe, damit ich sie verstehen und anwenden kann.
Es ist weniger sein Tod an sich, der mir so zu schaffen macht. Es ist eher die Einsamkeit, die ich ohne ihn empfinde. Colby ist nicht da. Ich vermisse ihn. Ich vermisse seine Umarmungen, seine Küsse, seine kindlich-aufrichtigen Gebete, sein Trällern des Liedes „Immer noch wirkt er an mir", sein Freudenruf „Ich bin der Schnellste!", seine tiefblauen Augen, sein blondes Haar, sein süßes, lustiges Gesicht. Mag er immer noch so gern essen? Danke, Herr, daß du mir durch Colby gezeigt hast, was Liebe ist.
Vater, umgib meine Familie ganz mit deiner Liebe. Deine Weisheit wird uns durch Freude und Leid führen. Darauf wollen wir immer vertrauen. Du bist der allein mächtige und heilige Gott, und ich möchte dir so gern gefallen, aber meine Schwäche, mein Hang zum Versagen sind anscheinend immer da. Vater, bitte . . .
Herr, bitte . . . vergib mir. Hilf mir, so zornig über meine Sünde zu werden wie du. Es hat dich das Leben deines Sohnes gekostet, mich muß es jetzt meinen eigenen Willen kosten.
Herr, mache du meine Seele wieder lebendig. Du allein bist der Heilige, der mein Herz heilt.

Körperlich war ich so rasch genesen, daß wir bereits einen Monat nach meiner Entlassung aus dem Krankenhaus alles für die Abreise nach Addis Abeba erledigt hatten: Unser Haus war ausgeräumt, wir hatten alles verkauft, was wir konnten, hatten unsere Ausreisevisa, waren mit den Zollformalitäten fertig, hatten uns überall verabschiedet und reisten nach Addis Abbeba, Äthiopien, wo wir unseren Direktor Ernst Tanner und Larry, den neuen Copiloten und Mechaniker für den Hubschrauber, treffen sollten.

Steve und ich waren überzeugt, daß uns dieser Wechsel gut tun würde. Ich erinnerte mich jetzt daran, daß wir auch bereits eine Woche nach Christinas Tod umgezogen waren. Mir kam die Bibelstelle in den Sinn, wo es heißt: „. . . und jage nach dem vorgesteckten Ziel, dem Siegespreis der himmlischen Berufung Gottes in Christus Jesus" (Philipper 3,14). Wir konnten nicht an der Vergangenheit kleben, sondern sollten nur ständig aus ihr lernen. Steve und ich freuten uns wieder beide auf die Zukunft mit einer neuen Vision, als wir in das vom Hunger erschütterte Land einreisten. Wir wollten helfen, wo immer wir konnten.

In Äthiopien

Weil Steve und ich als Missionare im vollzeitlichen Dienst standen, hatten wir kaum Kontakt zu anderen Mitarbeitern der Helimission. Um so mehr freuten wir uns, daß wir in Addis Abeba von unserem Direktor empfangen wurden. Ernst war gekommen, um uns mit unserer neuen Umgebung bekannt zu machen und dafür zu sorgen, daß wir uns in unserer Wohnung in Addis Abeba einrichten konnten, wo wir in den kommenden Monaten bleiben sollten.

Bei der Zollabfertigung konnte uns Ernst gerade noch rechtzeitig daran hindern, auf den Einreiseformularen als Beruf „Missionar" anzugeben. Weil wir mit den kommunistischen Kontrollen noch nicht vertraut waren, war uns gar nicht klar, daß sie die Berufsbezeichnung „Missionar" vielleicht als Bedrohung auffassen und uns deshalb die Einreise verweigern könnten. Schnell zerrissen wir die Formulare und füllten neue aus. Darauf hieß es dann, daß wir für die Kommission für Nothilfe und Wiederaufbau arbeiten würden, eine Einrichtung der Regierung für die Hungerregionen.

Auf der Fahrt vom Flughafen in die Innenstadt von Addis Abeba – die Einheimischen sprechen übrigens nur von Addis – bekamen wir eine bunte Mischung aus altem und neuem Lebensstil zu sehen. Große moderne, vor der Revolution errichtete Gebäude ragten hoch empor, während dazwischen geduckt zahllose ärmliche Hütten standen, vor denen die Frauen fleißig ihre Wäsche in rostigen alten Benzinfässern wuschen. Die kommunistische Regierung pries sich auf farbenprächtigen Bannern, die über den Straßen gespannt waren, sowie mit Flaggen, Denkmälern und mit Lichtern. Auf der Hauptstraße schritten wir durch Bögen mit Parolen wie

„Lang lebe das Proletariat!" oder „Arbeiter aller Länder, vereinigt euch!" Auf riesigen Wandbildern waren die Köpfe der Väter des Kommunismus abgebildet: Marx, Engels und Lenin. Bald schon erreichten wir die große „Väter-des-Kommunismus-Kreuzung". Es war der Platz der Revolution, wie Ernst erklärte, der Platz heftiger Aufstände vor elf Jahren, als die Kommunisten gekämpft hatten, um ihre Vormachtstellung zu festigen und weiter auszubauen. Auf der einen Seite des Platzes befand sich ein großes Stadion, wo alle öffentlichen Veranstaltungen abgehalten wurden. Wir würden nur zwei Blocks von dem Stadion entfernt wohnen, sagte uns Ernst, also sah ich mir die Gebäude ein wenig genauer an, während wir durch die belebten Straßen fuhren.

Ich merkte bald, daß Ernst an all den prächtigen Gebäuden vorbeifuhr. Und dann sah ich es. Ich wußte, er würde uns in *genau das* Gebäude bringen. Ich wußte es einfach. Es erinnerte mich an die überfüllten Wohnblocks in den Straßen von Manila, und ich dachte: *„Nein, Herr, bloß das nicht!"* Aber es war's tatsächlich; ich wußte es. Ich dachte zurück an die Pracht und Schönheit der Tropenlandschaft Kameruns ... Ich mußte mich umstellen, und zwar auf der Stelle.

Hungrig und müde von unserem Nachtflug kamen wir also vor einem Mietshaus an, wo auf jedem Balkon Wäsche zum Trocknen hing und sich im Erdgeschoß eine „Fernseh-Bar" befand. Der Parkplatz war ein unbefestigter Platz, der von Baracken umgeben war und auf dem Kinder spielten.

Drinnen fanden wir ein schlimm verstopftes Spülbecken, eine Klobrille mit Sprung, kaputte Glühbirnen, einen reparaturbedürftigen Herd und Wände, die in Farben gestrichen waren, die mich zwecks weiterer Erkundung ins Wohnzimmer lockten. Der Raum war eigenartig geschnitten und außerordentlich phantasievoll gestrichen. Eine Wand war hellrosa, eine meergrün, eine goldfarben und eine schmutzig weiß. Der Bezugsstoff von den beiden Stühlen und dem Sofa verwirrte mein Auge noch mehr: Das Muster war zwar gleich, aber die Farben waren unterschiedlich: Ein Stuhl war erdbraun und einer olivgrün, das Sofa hatte einen schmutzigen Elfenbeinton. Es würde viel Arbeit und noch mehr Phantasie erfordern, aus der Wohnung einen Ort zu machen, an dem man sich wenigstens annähernd zu Hause fühlen konnte.

Bis die Wohnung fertig war, sollten wir für ein paar Tage in einem Gästehaus wohnen. Wie um mir selbst gut zuzureden, sagte ich immer wieder zu Steve: „Ich muß nur mal richtig ausschlafen, dann sieht es wahrscheinlich gar nicht mehr so übel aus. Wenn man müde ist, verstärkt sich dadurch alles. Außerdem ist es in Äthiopien ohnehin schwer, überhaupt Wohnraum zu finden. Die Regierung hat die völlige Kontrolle über die Verteilung von Wohnraum. Es gibt Leute, die monatelang gesucht haben – aber vielleicht haben sie ja auch nur was dagegen, in einem Farbkasten zu wohnen."

Fünf Tage später zogen wir ein, nachdem der Abfluß des Spülbeckens wieder frei war, die Glühbirnen ersetzt, die Küche frisch gestrichen und der Herd repariert worden waren. Außerdem hatten wir alles mögliche an die Wände im Wohnzimmer gehängt, um das Auge abzulenken. Wir sind nie so weit gekommen, die kaputte Klobrille zu reparieren – wahrscheinlich gab es immer Wichtigeres zu tun.

Es gab nicht jeden Tag Wasser, weil es rationiert war und immer unterschiedliche Stadtteile an bestimmten Tagen Wasser bekamen. Wenn wir an der Reihe waren, erledigte ich immer gleich frühmorgens in der Badewanne die Wäsche. Manchmal fing es auch mitten in der Nacht an zu rauschen. Dann sprang ich auf und ließ die Wanne vollaufen, damit wir auch für den nächsten Tag noch genug Wasser hatten. So nach und nach wurde die Wohnung dann doch ein Ort der Ruhe und des Rückzugs. Wir fanden ein Mädchen, das im Haushalt half, so daß ich Steven morgens unterrichten konnte. Eigentlich war es gar nicht so schlecht. Als die Wohnung erst einmal wirklich unser Zuhause war, konnten wir auch all ihre Vorzüge erkennen. Gott sorgte tatsächlich dafür, daß wir nicht zu kurz kamen.

Steve fing sofort wieder an zu fliegen. Der Hubschrauber wurde in Äthiopien noch viel dringender gebraucht als in Kamerun, weil die Not so groß war. Ich konnte jetzt nicht mehr so oft mit Steve zusammen fliegen, weil der Hubschrauber kleiner war als der in Kamerun, und außerdem, weil der Copilot Larry bei jedem Flug dabei sein mußte, um

Flugpraxis zu bekommen. Steven und ich waren also sehr viel allein, und zwar meistens ohne Fahrzeug. Wir erkundeten unsere Umgebung also zu Fuß und entdeckten auf diese Weise die nächstgelegenen Marktplätze und Obststände.

Kaum hatten wir uns in unserer Wohnung richtig eingerichtet, da kam Steve mit einem Kündigungsschreiben nach Hause. Die Regierung beanspruchte die Wohnung für sich. Wir hatten eine Frist von sechs Wochen, um auszuziehen. In den vergangenen Monaten hatte Jesus mich zumindest so viel gelehrt, daß ich entschlossen war, die Kündigung als einen getarnten Segen zu betrachten. Vielleicht würden wir ja auf ein Gelände des Missionswerks irgendwo am Stadtrand ziehen können, wo wir auch Freunde finden konnten. Vielleicht würden wir eine Wohnung finden, in der alle Wände die gleiche Farbe hatten. Vielleicht würden wir eine Wohnung bekommen, in der das WC an mehr als drei Tagen pro Woche funktionierte. Das wäre dann ein Segen!

Wir ließen verlauten, daß wir auf Wohungssuche waren, und jeder half mit. Ein Ehepaar meinte sogar, wir könnten für den Notfall vorübergehend eine Ein-Zimmer-Wohnung ihres Missionswerkes haben. Das war wenigstens etwas, und bei dem Gedanken ging es mir schon besser.

Nachdem wir ein paar Tage gesucht hatten, hörten wir von einem Haus auf dem Gelände der Baptisten ein wenig außerhalb der Stadt. Unsere Freunde Wally und Tannie Eschenauer rieten uns, uns schriftlich darum zu bewerben. Es schien wie gemacht für uns: drei Schlafzimmer, ein Garten zum Spielen für Steven, einige Gleichaltrige in der Nachbarschaft und sogar Platz genug für den jungen Dobermann-Pinscher, den Steve als unseren zukünftigen Wachhund mitgebracht hatte. Wir verfaßten und schickten schnell einen entsprechenden Brief. Es war allerdings doch relativ unwahrscheinlich, daß gerade wir die Wohnung bekommen würden, denn wir standen erst an neunter Stelle der Bewerberliste. In einem kommunistischen Land hätte es ebensogut der neunundneunzigste Platz sein können. Aber wenn Gott dieses Haus für uns haben wollte, dann würden wir es auch bekommen. Also warteten wir.

In der Zwischenzeit genossen wir Land und Leute. Die

Menschen waren unglaublich freundlich und gastfreundlich. Sie lachten gern, und es machte wirklich Spaß, mit ihnen zu reden. Aber zugleich war es auch traurig, daß die Straßen gesäumt waren von so vielen lahmen, blinden, behinderten, armen, unterernährten Menschen, die alle um Geld bettelten. Zum Mittagessen mußten Steven und ich immer zum Gästehaus der Mission gehen, und wir hatten immer die Taschen voller Kleingeld, denn schon ein kleiner Betrag reichte, damit die Leute sich einen Teller voll Essen kaufen konnten. Auch wenn wir nie genug Kleingeld dabei hatten: nach einer Weile erwarteten sie uns mittags schon, grüßten uns respektvoll und bedankten sich. Von Spielzeug für die Kinder kamen wir aber wieder ab, denn wir fanden heraus, daß ihre Eltern das wieder verkaufen mußten, damit sie etwas zu essen hatten. Wir kamen also wieder auf unser Kleingeld zurück.

Einer der Buben, die uns ans Herz wuchsen, hieß Tess-fu. Als wir eines Sonntagabends von der Kirche heimgingen, lief er hartnäckig hinter uns her und bettelte. Wir hatten diesmal wirklich kein Geld dabei, aber alles Reden und Gestikulieren nützte nichts. Er blieb uns hartnäckig auf den Fersen. Schließlich nahm ich ihn bei der Hand mit nach Hause, wo wir ihm etwas zu essen gaben, ihn in saubere Kleider steckten und seine mitgebrachten Sachen wuschen und flickten. Steven schenkte ihm seine Sandalen und Spielzeugautos. Dann gaben wir ihm einen Birr mit auf den Weg; umgerechnet etwas mehr als fünfzig Pfennig. Für ihn war das eine Menge Geld, doch er würde es ja ohnehin seinen Eltern geben.

Jedes Mal, wenn wir ihn danach trafen, strahlte er uns an. Wir freuten uns, wie wir ihn so in seinen neuen Kleider spielen sahen, auch wenn sie seinen alten schon bald ziemlich ähnlich sahen. Seine Sandalen waren bereits nach wenigen Tagen verschwunden; wahrscheinlich verkauft. Obwohl wir nicht dieselbe Sprache sprachen, verständigten wir uns ganz wunderbar in der Sprache der Liebe Gottes.

Allmählich stellte sich der Alltag ein. Steve und Larry saßen jeden Tag im Hubschrauber und Steven und ich über den Schulaufgaben. Es gab auch schwierige Zeiten und Streß, denn Steves vollgestopfter Flugplan verstärkte meine Einsamkeit. Steve und ich hatten immer weniger Zeit füreinander, und ich konnte ihm bei seiner Arbeit im Busch kaum helfen. Steven und ich führten ein recht behütetes Leben. In unserem Haus lebten außer uns nur Einheimische, die nicht Englisch, sondern Amharisch sprachen. Es erfordert mindestens neun Monate intensives Studium, um die Sprache zu lernen. Das amharische Alphabet umfaßt 233 Symbole, die man lernen muß, bevor man den Aufbau der Sprache verstehen kann. Die Sprache war ein ausgesprochen frustrierendes Hindernis in unserem Alltag.

Weil Steven und ich uns nur zu Fuß fortbewegen konnten, lernten wir wirklich keine anderen Missionare oder Ausländer kennen, weil die in anderen Stadtteilen wohnten. Steven hatte keine Spielkameraden, so daß er ganz auf mich angewiesen war und ich dadurch immer weniger Zeit für andere Dinge hatte. In seiner Mittagspause erledigte ich die Buchhaltung der Helimission, las in der Bibel oder spielte Klavier. Beziehungen nach außen hatten wir nur am Sonntagnachmittag, wenn wir mit den Baptisten Volleyball spielten, und am Montagabend bei der Internationalen Missionarsvereinigung. Das waren für uns alle echte Erholungsstunden von der Arbeit und für Steven eine Gelegenheit, einmal mit anderen Missionarskindern zu spielen.

Nach gut vier Wochen in Äthiopien konnten Steven und ich einmal mit Steve in den Norden des Landes fliegen. Unser Ziel waren Verteilstellen für Lebensmittel, die von den US-amerikanischen Baptisten betrieben wurden. Endlich wieder einmal in einem afrikanischen Dorf! Beim Rundgang drängten sich die Kinder um uns und verlangten nach Brot. Wenn die Erwachsenen nicht schließlich einen Kreis um Steven gebildet hätten, hätte er überhaupt nicht weitergehen können.

Einige Männer aus dem Dorf nahmen sich schließlich auf ihre Weise unserer Bedrängnis an. Sie kamen aus ihren Hütten und warfen Steine nach den Kindern, um sie zu verscheuchen. Wir waren zwar ein wenig alarmiert, aber die Kinder waren so eingeschüchtert, daß sie für eine Weile wegblieben. Es dauerte jedoch nicht lange, bis sie sich wieder gesammelt hatten und uns umringten. Es erinnerte mich daran, wie oft Jesus so von Menschen umringt war, daß sie ihn beinahe erdrückten. Als ich beobachtete, wie Steven beinahe niedergetrampelt worden wäre, verstand ich, weshalb Petrus Jesus gegenüber von der Bedrängnis durch die Menge gesprochen hatte.

Die Landschaft im Norden Äthiopiens ist wunderschön, und sie haben dort sogar ihren eigenen Grand Canyon. Nicht selten landeten wir auf dreitausend Metern Höhe in wilder, unberührter Natur. Wir trafen auf Krokodile, Rehe und riesige Pavianhorden.

Aber auch der Süden kann sich sehen lassen. Im Omo-Fluß und in den Seen von Arba Minch, das heißt „Vierzig Quellen", leben die größten Krokodile der Welt. In diesen Seen trafen wir auch auf Flußpferde. In Herden von bis zu fünfzig oder hundert Tieren suhlten sie sich im schlammigen Wasser. Von dort stammt auch der berühmte Nilbarsch. Das ist einer der vorzüglichsten Speisefische überhaupt, egal, wie man ihn zubereitet.

Dorthin, nach Arba Minch, sollten wir schließlich umziehen. Die Sondergenehmigung dafür ließ allerdings noch auf sich warten. Unser „Haus" sollte aus mehreren Containern, den sogenannten Connex-Schachteln, zusammengesetzt werden. Sie sind zwar schmaler als ein Lkw-Anhänger, aber mit Fenstern, einem Fußboden und Möbeln ausgestattet können sie doch recht wohnlich sein. Für uns wurden eine Küche, ein Büro, ein kleines Schlafzimmer und ein Bad zusammengestellt. Das eigentliche Schlafzimmer sowie das Wohnzimmer sollten später angebaut werden mit Zugängen zu allen anderen Zimmern. Das klang nach Abenteuer.

Auf die vielbeachtete Hungerkatastrophe im Jahre 1985 hin war auch langfristige Hilfe angelaufen. Mit großer Mühe hatten die Menschen ihre Felder wieder bestellt und warteten jetzt auf die Regenzeit. Aber aus dem meist strahlend blauen Himmel fielen nur ein paar dürftige Tröpfchen. Schon bald war klar, daß das für das gerade keimende Getreide auf den Feldern nicht genug war. Im Juli sollte es noch härter kommen. Riesige Heuschreckenschwärme fielen über den Norden her und hinterließen total verwüstete Felder. Ein Schwarm war so dicht, daß es richtig dunkel wurde. Und wieder einmal gab es für die Menschen in Äthiopien kaum noch Hoffnung.

Wie würde die Weltöffentlichkeit darauf reagieren? Es waren Meldungen im Westen durchgesickert, daß die während der ersten Hungersnot gelieferten Nahrungsmittel gar nicht bei den bedürftigen Menschen angekommen waren, weil Militäraktionen von Rebellen die Verteilung verhindert hatten. Jetzt hieß es im Ausland: „Warum sollen wir Geld und Lebensmittel schicken, wenn die Hilfsgüter doch nur in den Lagerhäusern verkommen oder mutwillig vernichtet werden? Über eine Million Menschen mußten sterben, weil die Nahrungsmittel nicht bei ihnen ankamen."

Viele der Gerüchte waren wahr. Es hatte tatsächlich Bestrebungen gegeben, weniger Medikamente und Lebensmittel ins Land gelangen zu lassen. Allein schon der damit verbundene Verwaltungsaufwand schien zu viel für die noch junge Regierung, und die Angst, Macht einzubüßen, war durchaus berechtigt. Wir wußten jedoch, daß zwar eine Million Menschen gestorben waren, daß aber weitere sechs Millionen überlebt hatten, und das in erster Linie aufgrund der Hilfsgüterlieferungen und des medizinischen Fachpersonals, die aus aller Herren Länder eintrafen. Jesus sagt: „Was ihr nicht getan habt einem von diesen Geringsten, das habt ihr mir auch nicht getan" (Matthäus 25,45).

Fragen

Der verlängerte Arm Jesu in einem kommunistischen Land zu sein, war nicht immer leicht. Steve und ich gingen beispielsweise in die internationale evangelische Gemeinde von Addis Abeba. Alle christlichen Gemeinden in Äthiopien mußten von Ausländern geleitet und betreut werden. Die Einheimischen durften nur am Gottesdienst teilnehmen, aber nicht predigen, lehren, ein Grußwort sprechen oder ein Musikstück beitragen. Trotz der Einschränkungen war es eine lohnende Erfahrung, mit den Äthiopiern zusammen Gottesdienst zu feiern. Es machte einen demütig zu merken, daß in aller Welt so viele verschiedene Völker mit so vielen Sprachen und Dialekten das Evangelium kannten. Wir dienen einem wirklich großen Gott.

Aber es gab dennoch etwas, das mir in jedem Gottesdienst aufs Neue zu schaffen machte. Jeden Sonntag bezog sich der Vers oben auf dem Anschlagbrett der Gemeinde auf das Psalmwort, das vom mit Kindern gefüllten Köcher des gerechten Mannes handelt (Psalm 127,5). Wahrscheinlich hatten sie nur wenige Verse zur Auswahl, so daß dieser eine immer wieder auftauchte. Es war, als ob Gott mich mit der Nase darauf stoßen wollte, damit ich mich endlich meinen Ängsten stellte.

Am meisten Mühe machten mir jedoch die Worte aus Psalm 128,1-4: „Wohl dem, der den Herrn fürchtet und auf seinen Wegen geht! Du wirst dich nähren von deiner Hände Arbeit; wohl dir, du hast's gut. Dein Weib wird sein wie ein fruchtbarer Weinstock drinnen in deinem Hause, deine Kinder wie junge Ölbäume um deinen Tisch her. Siehe, so wird gesegnet der Mann, der den Herrn fürchtet."

Ja, Steve und mir ging es gut, und wir hatten eine innere Freude, die nur von Gott kommen konnte. Als Frau war ich zufrieden zu Hause in der Liebe meines Mannes und natürlich mit der Liebe des Herrn und seiner Berufung für unser Leben. Aber ich muß gestehen, daß ich mit solchen Bibelstellen immer wieder vor den Herrn kommen und mit ihm darum ringen mußte. Wenn ich mich nämlich an unserem Tisch umsah, konnte ich nur eines von drei Kindern sehen. Ich hatte Frieden über der Souveränität Gottes, aber ich hatte keinen Frieden wegen meiner Schuldgefühle und über der Versicherung, daß Kinder Gottes Lohn für diejenigen sind, die den Herrn „fürchten und ehren". Fürchtete und ehrte ich Gott etwa nicht? Oder tat Steve es nicht?

Jeder sagte mir, daß ich nicht schuld sei am Tod meiner Kinder und daß Gott seine Kinder nicht bestraft, indem er andere Kinder tötet. Trotzdem konnte ich mich den Worten des Hebräerbriefs nicht entziehen, wo es heißt: „Mein Sohn, achte nicht gering die Erziehung des Herrn und verzage nicht, wenn du von ihm gestraft wirst. Denn wen der Herr lieb hat, den züchtigt er, und er schlägt jeden Sohn, den er annimmt" (Hebräer 12,5b.6).

Meine Bedenken wurden oft mit der Begründung abgetan, die Verse träfen doch auf unsere Umstände gar nicht zu. Unsere Probleme könnten doch auch daher kommen, daß der Satan unsere Seele haben wolle, genau wie damals bei Hiob und Petrus, und nicht wegen irgend etwas Bösem, das wir getan hätten. So wahr und so tröstlich das alles auch sein mochte – ich wollte nicht etwas versäumen, das mir der Herr vielleicht durch diese Verse deutlich machen wollte.

An einem Sonntagnachmittag nach dem Gottesdienst zog ich mich in mein Zimmer zurück und brachte diese Gedanken zu Papier. Was wollte mir Christus womöglich noch zeigen? Wozu wollte er mich auffordern?

Lieber Herr,
folgende Gedanken habe ich zu dem, was du mir meiner Meinung nach im Hebräerbrief sagst: In Hebräer 5,8 steht, Jesus habe an seinem Leiden „Gehorsam gelernt". Mußte er das wirklich lernen, so wie wir? Oder ist damit ein Verständnis von Gehorsam

gemeint, das wir brauchen, damit, so wie der Hohepriester versucht war wie wir, er weiß, wie er für uns beim Vater eintreten kann?
In Hebräer 2,10 heißt es, er sei „durch Leiden vollkommen" gemacht worden. Wird so Leiden als Strafe für Ungehorsam betrachtet? Aber wie kann das sein, wenn doch Jesus vollkommen war? Wie kann er vollkommen sein und dennoch vollkommen gemacht werden? Und er hat ja nicht um seiner selbst willen gelitten, sondern weil er um unser sündiges Wesen wußte, war sein Leiden eine Strafe, die er auf sich nahm, damit wir der „wirklichen Strafe" für unser sündiges Wesen entgehen würden. Jesus hat gelitten, um vollkommen zu werden, wurde es schließlich auch – und wurde dennoch bestraft für all diejenigen, die diese Vollkommenheit nicht erlangen. (Das ist das Evangelium!)
Wenn wir also leiden (oder bestraft werden), und es nicht für den einen ist, der unsere Strafe auf sich genommen hat, wozu und weshalb leiden wir dann? Warum werden wir dann bestraft? Geht es dabei am Ende nicht um dasselbe Ziel wie bei dem Einen, nämlich vollkommen zu werden durch dieses Leiden? Denn wenn wir Gehorsam durch Leiden lernen, dann empfangen wir Freude . . . seine Freude . . . die Vollkommenheit ist. (Ganz anders als in der Welt, die Freude nur in diesem Leben sucht und dabei feststellt, daß die Freude stirbt; aber unsere Freude kommt im Tod, dem Tod des eigenen Selbst. Und diese Freude ist ewig und lebendig.)
Was soll ich daraus lernen? Christina und Colby sind gestorben, und ich kann das nicht begreifen, aber ich leide durch ihren Tod. Ich lerne Gehorsam, gelange zu einem tieferen Vertrauen. Ich lerne, die Schuldgefühle wegen ihres Todes loszulassen, und ich glaube jetzt noch fester an die Hoffnung, die anzubieten Jesus gekommen ist; und wenn ich Hoffnung habe, kann ich nicht enttäuscht werden. Colby und Christina sind jetzt bei Jesus. Diese Hoffnung ist real. Mein Leiden wegen ihres Todes lehrt mich, alles aus dem Blickwinkel des Heilsplanes Gottes zu sehen, nicht nur seinen Plan für mein eigenes Leben. Dadurch wird mein Leben wiederum zum Zeugnis für das Evangelium von Jesus Christus. Ich lerne, daß Gott zu seinem Wort steht, und daß seine persönliche Liebe zu mir mich in der Tiefe erreicht, denn ich bin ein Gefäß, in dem seine Gnade wirkt. Er erhält mich, er glaubt an mich, und er gibt mir den Wunsch und den Sinn zum Weitermachen.

Wenn ich um der Vollkommenheit willen leide, dann weiß ich, daß Gott mich diszipliniert. Wenn er mich diszipliniert, dann weil er will, daß ich vollkommen werde. Warum er das will? Das ist wirklich das Wunder Gottes! Es gibt dafür nur einen einzigen Grund: Liebe. Denn während ich durch das Evangelium vollkommen werde, darf ich von Angesicht zu Angesicht bei ihm sein, und ich darf mir meiner Stellung ganz sicher sein, weil es das Kreuz ist; nicht beschämt, sondern vollkommen gemacht durch den Vollender meines Glaubens. Jesus wurde „durch Leiden vollkommen" gemacht, das bleibt ein Geheimnis und ist dennoch die Art, wie ich vollkommen werde, wie er vollkommen ist, zur Erfüllung meiner Gemeinschaft mit dem Vater, die Jesus sich wünscht.
Ach so, also um vollkommen zu werden! Was für ein tiefer Gedanke! In jeder Hinsicht vollkommen zu sein! Aber Gott hat in seiner Weisheit einen Weg erdacht, das Unvollkommene vollkommen zu machen. Es ist ein Heilsplan. Wie sähe wohl der Plan von Menschen aus? Ganz bestimmt wäre es kein Plan, bei dem Schweres und Leid eine Rolle spielen würden. Bei ihnen würde der Weg eher über gute Taten oder äußerlich sichtbare Zeichen führen. Aber wird dadurch der innere Mensch verändert? Wie soll man überhaupt Vollkommenheit verstehen und begreifen, wenn man nie vollkommen ist? Wie sollten wir denn wissen, wo wir danach suchen können?
Der eine, der Vollkommenheit erlangt hat, nämlich Jesus, muß uns in die Vollkommenheit leiten . . . und er ist ein bereitwilliger Leiter. Er setzt Vollkommenheit nicht als etwas voraus, das man packen muß, sondern als etwas, das man langsam erlangt. Er ist der Urheber unserer Erlösung . . . Erlösung von der Sünde . . . und Erlösung von der Sünde ist Vollkommenheit.
„Gott, dein Thron währt von Ewigkeit zu Ewigkeit, und das Zepter der Gerechtigkeit ist das Zepter deines Reiches" (Hebräer 1,8).
Wie großartig und heilig ist doch der Gott, dem wir dienen! Wie liebe ich dich!
Kathy

Gott forderte mich auf, eine Entscheidung zu treffen. Es war leicht, ihm jetzt in Bezug auf Colby und Christina zu vertrauen. Viel schwerer war es, ihm zu glauben, daß er all die schweren Dinge in meinem Leben aus lauter Liebe geschehen lassen hatte, und um mein Herz zu formen. Es war schwer für mich auszuhalten, *wie* er mein Gebet erhörte, daß ich ihn besser kennenlernen wollte. Ich wollte ihn so gern lieben, wie es ihm zustand. Ich wollte ihn mit einer Liebe lieben, die echt war – nicht seicht oder künstlich oder gezwungen. Ich wollte wissen, wie man wirklich frei von den Auswirkungen der Sünde lebt, indem man auf das vertraut, was Jesus getan und bewirkt hat, als er am Kreuz für mich starb. Ich wollte vor Gott völlig offen sein, und ich wußte, daß Gottes Herrlichkeit in meinem Leben offenbart werden würde.

Wenn dein Wort offenbar wird,
so erfreut es und macht klug die Unverständigen.
Ich tue meinen Mund weit auf und lechze,
denn mich verlangt nach deinen Geboten.
Wende dich zu mir und sei mir gnädig,
wie du pflegst zu tun denen, die deinen Namen lieben.
Laß meinen Gang in deinem Wort fest sein
und laß kein Unrecht über mich herrschen.
(Psalm 119,130-133)

Gott stärkte mich und zog mich weiter in seine Liebe hinein. Mit seiner Hilfe konnte ich von mir selbst wegsehen, von meinen Lebensumständen, von den Menschen allgemein, und er leitete mich an, wirklich völlig in seiner Macht zu gehen, in seiner Liebe und in seiner Gnade. Jesus wohnte jetzt in meinem Herzen und wurde ein Teil von mir.

„Wenn dein Gesetz nicht mein Trost gewesen wäre, so wäre ich vergangen in meinem Elend. Ich will deine Befehle nimmermehr vergessen; denn du erquickst mich damit. Ich bin dein, hilf mir; denn ich suche deine Befehle" (Psalm 119,92-94).

Jesus hat einmal gesagt, daß wir sein Joch auf uns nehmen sollen. Es sei sanft, und seine Last sei leicht (Matthäus 11,29.30). Als ich auf Jesus blickte, als ich ihm vertraute und an seinen Heilsplan glaubte, da verschwand langsam meine Neigung, mich in mich selbst zurückzuziehen, in meinem Schmerz zu bleiben und zu fragen: „Warum gerade ich?" Stattdessen wurde mein Blickwinkel weiter, so daß ich einen größeren Gott und auch einen größeren Sinn für mein Leben erkennen konnte.

Ich mußte daran denken, wie ich damals unter meinem Fallschirm gehangen, auf die Welt dort unten hinabgeschaut und mich gefragt hatte, wie wohl mein Leben, das doch zur Mittelmäßigkeit verurteilt zu sein schien, in Gottes Plan passen konnte. Aber jetzt erlebte ich, daß Jesus mein Leben vollkommen machen und benutzen wollte, damit ich seine erlösende, befreiende Liebe in einer kaputten Welt weitergeben konnte. Jetzt begann ich langsam zu erahnen, wie tief seine Liebe zu unserer Welt ist. Auch wenn mein Leiden mit seinem nicht vergleichbar ist, hat es mich fähig gemacht, mich mit dem Preis, den Gott für die Sünde und für seine große Liebe zu den Menschen zahlt, zu identifizieren.

Ich begann jetzt zu verstehen, wie meine Wachstumsschmerzen „als reine Freude gelten" konnten, und ich begann zu merken, daß Gott seine Liebe und Vollkommenheit durch mich zum Ausdruck brachte. Statt zu fragen: „Warum gerade ich?" empfand ich es für mich als Vorrecht zu fragen: „Warum nicht ich?" Warum sollte ich als Kind Gottes nicht einer Welt Hoffnung bringen, die in Todeskämpfen liegt? Es war nichts als Gnade, daß mich Gott vor dem Verderben errettet hatte. Warum sollte ich als jemand, der durch die Gnade Gottes vor der Hölle gerettet worden ist, nicht bereit sein, Gott in jedem Bereich meines Lebens zu vertrauen? Warum sollte ich als ein Mensch, der in einer Welt lebt, die von den schrecklichen Folgen der Sünde gezeichnet ist, nicht ein Beispiel der Liebe, der Verheißungen und des Friedens Gottes sein, egal, was der Teufel auch unternehmen mag, um das als Lüge zu verunglimpfen?

All diese Gedanken und Fragen gingen mir damals durch den Sinn, als ich darüber nachdachte, was es kostet, dem eigenen Selbst so zu sterben, wie Jesus es getan hat. Jesus lebte ständig in dem Wissen, daß sein Leben, sein Auftrag und sein Tod nicht nur ihn allein betrafen, sondern zur Verherrlichung des Vaters und zur Erlösung der Menschheit diente. Wenn ich ganz eins wäre mit Jesus, dann müßte dieser Gedanke immer und ständig in meinem Herzen präsent sein: Ich lebe nicht nur für mich.

Am Abend jenes Sonntags gab ich Steve weiter, was mir meiner Meinung nach der Herr gezeigt hatte, und er saß schweigend da und hörte mir zu. Ich fühlte mich Steve sehr nahe, als ich so neben ihm saß, und er tröstete mich und versicherte mir seine Liebe.

Als wir über die Verheißungen und den Frieden Gottes sprachen, war uns die Kraft der Liebe Gottes, die uns in Schmerz und auch in Verstehen verband, sehr deutlich. Viele Ehen hätten so schweren Belastungen sicher nicht standgehalten, und Steve und ich haben ganz bestimmt viele Sorgen und Freuden in unserer Ehe miteinander geteilt, aber wir waren Gott wohl nie dankbarer, daß er in all dem uns einander gegeben hatte, als in diesem Augenblick.

Der letzte Flug

Während der nächsten Wochen hatte unsere Familie Zeit, die Aktivitäten im Umfeld unserer Arbeit zu genießen. Der internationale Frauenclub von Addis hatte mich gebeten, an drei Vormittagen in der Woche Aerobic-Kurse zu geben, und weil mir Aerobic schon immer Spaß gemacht und ich auch schon Kurse gegeben hatte, sagte ich zu. Dreimal wöchentlich holte eine neue Freundin namens Carol Ann mich und Steven jetzt ab, und wir fuhren zusammen ins Hilton Hotel. In den folgenden Wochen machte mich Carol Ann mit einer Reihe von Damen bekannt, die zu den Ausländern gehörten, die als Katastrophenhelfer gekommen waren. Es würde bestimmt nicht lange dauern, bis ich ein paar enge Freundinnen haben würde.

Wenn Steve nicht gerade einen Einsatz flog, spielten wir außerdem Volleyball. Eines Montags hatten Steve und ich auf dem Weg zum Volleyball eine heftige Meinungsverschiedenheit. Ich hatte bisher die Buchführung der Helimission gemacht, und Steve mußte jedesmal in einem Notizblock vermerken, wenn er Geld aus der Kasse genommen hatte. Ich übertrug den Betrag dann ins Kassenbuch. Aber Steve fand es nicht so wichtig, die Beträge gewissenhaft zu notieren. Er war darin richtig nachlässig geworden, und nachdem er zwei Wochen lang keine Ausgaben eingetragen hatte, stimmte die Kasse nicht, und ich konnte den Fehler nicht finden. An jenem Montag beschloß ich also, dafür zu sorgen, daß ihm die Buchführung wichtiger wurde.

Er versicherte mir zwar, er würde am nächsten Tag sofort nach seiner Rückkehr von einer der Verteilstellen für Lebensmittel alles ausrechnen und in Ordnung bringen, aber sein

Tonfall dabei war so gleichgültig, wie wenn er sagen wollte: „Mal schauen, wann ich dazu komme." Damit brachte er mich richtig in Rage. Ich redete auf ihn ein, wie wichtig doch eine genaue Buchführung sei. Seine Antworten wurden daraufhin sarkastisch, und ich wurde wütend. Nach wenigen Minuten waren wir so böse aufeinander, daß wir nicht mehr miteinander reden konnten.

Beim Volleyball spielten wir in gegnerischen Mannschaften und konnten mit unserem Streit hinter dem Busch halten. Aber wir blieben stur, auch noch, als wir schon längst zu Hause waren. Als wir zu Bett gingen, machte Steve noch eine Bemerkung, er würde das mit den Belegen am nächsten Nachmittag erledigen, aber der Streit war zu dem Zeitpunkt schon so unsinnig, daß wir beide wußten, daß wir unrecht hatten. Wir hatten uns beide hochgeschaukelt und verrannt. Schließlich waren wir zu müde, um das Ganze zu einem guten Ende zu bringen, und ließen die Sonne über unserem Zorn untergehen.

Am nächsten Morgen wachte Steve schon früh auf und machte sich in aller Stille bereit für seinen Flug. Nach seiner Stillen Zeit ging er sich in aller Ruhe rasieren und anziehen. Vor dem Weggehen kam er noch einmal zu mir und gab mir einen Kuß auf die Wange. Er war nicht nur sanfter als sonst (Steve war diesmal rasiert), sondern er bedeutete mir auch sehr viel mehr, denn für mich war damit der definitive Schlußstrich unter unseren Streit vom Vorabend gezogen. Er mußte uns nun nicht weiter beeinträchtigen. Der Tag, der vor mir lag, würde davon gänzlich unbelastet sein.

Kurz darauf kam Steven ins Schlafzimmer getappt und zog mich aus dem Bett. Er wollte sein Frühstück. Der Alltag hatte mich wieder. Anschließend gab ich ihm ein paar Hausaufgaben und setzte mich an einen Rundbrief für unsere Freunde, die uns unterstützten. Ich war guter Dinge und wollte in diesem Brief zum Ausdruck bringen, wie glücklich wir in unserem neuen Dienst hier in Äthiopien waren, auch wenn wir sehr viel mehr arbeiten mußten.

Ich begann mit meinem Lieblingsvers über die Freude: „Der Herr, dein Gott, ist in deiner Mitte, ein Held, der Rettung bringt. Er freut sich und jubelt über dich, er erneuert seine Liebe zu dir, er jubelt über dich und frohlockt, wie man frohlockt an einem Festtag" (Zephanja 3,17). Für uns war es eine unglaubliche Ermutigung gewesen, zu wissen, daß es trotz unserer inneren Aufgewühltheit wegen Colbys Tod, meiner Krankheit, unseres Umzugs, meiner Einsamkeit, der höheren Arbeitsbelastung, in seiner Macht stand, uns ruhig zu machen, und uns in die Liebe seines Thronsaals emporzuheben. Ich stellte mir Gott vor, wie er in seiner ganzen Liebe ein Lied über uns sang, aber ich wußte auch, daß wir es als Vorrecht betrachten sollten, ihm Loblieder zu singen.

Während ich schrieb, rief mich unser Freund Wally Eschenauer an. Fröhlich triumphierend berichtete er mir, daß wir als Mieter für das Haus der Baptisten ausgesucht worden wären, um das wir uns beworben hatten. Wir könnten einziehen, sobald wir soweit wären. Ich war total aufgeregt! Ich konnte kaum erwarten, daß Steve nach Hause kam, um ihm die Neuigkeit zu erzählen. Aber Wally bat mich darum, ihm selbst diese Nachricht überbringen zu dürfen. Im Lauf der letzten zwei Monate waren er und Steve so viel miteinander geflogen, daß sie wirklich gute Freunde geworden waren. Ich erwiderte also: „Gut, kein Problem. Er ist bloß auf einem kurzen Routineflug. Zwischen zwölf und ein Uhr wird er wieder zurück sein. Dann kannst du anrufen."

Zur Feier des Tages machten Steven und ich Makkaroni und Käse zum Mittagessen. Sein Papa würde jeden Moment heimkommen. Aber es wurde später und später, und Steve kam nicht. Ich schrieb weiter meine Briefe und legte Steven schließlich zum Mittagsschlaf hin. Wally rief wieder an, aber ich mußte ihn vertrösten. Wir einigten uns noch einmal darauf, daß er Steve die gute Nachricht von dem Haus überbringen dürfe.

Steven wachte erst gegen 17 Uhr wieder auf, und er war noch ziemlich verschlafen, als es an der Tür klingelte. Ich machte auf und staunte nicht schlecht, als da fünf Leute vor mir standen: der Pilot Jim Baker und seine Frau Darlene, ein zweites Ehepaar und ein junger Mann, den ich nicht kannte. Weil ich mich über den Besuch freute, sagte ich noch scherzend: „He, das ist ja ein richtiger Überfall!" Aber niemand reagierte. Alle schwiegen. Das irritierte mich, und plötzlich wurde mir bewußt, wie spät es schon war, und ich fragte: „Was ist – ist was mit Steve?"

Jim nickte still.

Panik packte mich. Mir war sofort klar, daß er nicht verletzt sein konnte. Dann hätte Jim wenigstens irgendetwas gesagt. Aber es kam nichts. Also mußte ich fragen: „Ist er tot?"

Jim nickte nur ganz langsam.

Ich stieß einen Schrei aus und sank zu Boden. Ich schrie und schrie und fragte Gott in meinem unaussprechlichen Schmerz: „Nein, Gott! Nein! Warum das? Was willst du denn noch von mir? Was muß ich dir denn noch alles geben, um dir zu beweisen, daß ich überall hingehe, wo du mich haben willst, und daß ich alles tun werde, was ich tun soll? Habe ich nicht gerade erst Colby losgelassen? Wirst du mir am Ende auch noch Steven nehmen? O Gott, o Gott, o Gott – wie kann ich diesen Schmerz abstellen? Wie hört dieser Schmerz auf? Mein allerliebster Steve – jetzt ist er auch bei dir! Wie soll ich das bloß Steven sagen? Und meiner Familie, und seinem Vater?"

Ich weiß nicht, wie lange ich dort auf dem Boden saß und meinen ganzen Kummer vor Gott herausschrie. Auf jeden Fall waren diese fünf lieben Leute so geduldig, daß sie einfach warteten, bis ich wieder zu mir kam. Ich mußte meiner Familie und meinen Freunden daheim Bescheid geben. Ich hatte keine Ahnung, wie sie darauf reagieren würden, aber ich wußte, daß ich mit jemandem reden mußte, der mich kannte, und der mein Herz verstand und etwas über meinen Weg mit Gott wußte. Es war, als wäre das alles nur ein Traum, aber ich glaubte ganz fest, daß ich in der Lage sein würde, es allen zu sagen und im Glauben auf das alles zu reagieren, denn das Wort Gottes hatte schon lange zuvor in meinem Herzen Wurzeln geschlagen.

Als erstes sprach ich mit meinem Vater. Er reagierte so, wie die meisten anderen nach ihm auch: zutiefst betroffen, daß das so kurz nach Colbys Tod passiert war. Ich weiß noch, wie ich versuchte, den Schmerz zu beschreiben, der mein Herz durchbohrte. Es tat so weh. Ich weiß, daß mein Vater etwas sagen wollte, irgendwas, um mich zu trösten. Aber was hätte er auch sagen sollen? Da war nur Schweigen.

Ich fühlte mich so isoliert als Neuling in einem kommunistischen Land der Dritten Welt, mit nur einigen wenigen Bekannten. Larry, der andere Pilot, war eine Woche zuvor auf Heimaturlaub nach Kanada gegangen, und in Äthiopien gab es niemanden, der mich wirklich kannte oder verstand, der wußte, wie mir zu Mute war oder warum ich überhaupt da war. Warum hatte Gott das zugelassen? Warum ausgerechnet jetzt, nach allem, was Steven und ich schon durchgemacht hatten?

Es dauerte Tage, bis ich eine Antwort darauf hatte. Ich glaube ganz sicher, daß Gott mir diese Nachricht in diesem Zustand der Isolation zumutete, damit er allein für meine Heilung verherrlicht werden würde. Noch jetzt staune ich darüber, wie großartig sein Plan war. Mein Herz sollte nicht von Menschen geheilt werden. Es sollte weder von der Gemeinde, noch von meiner Familie, noch von Freunden geheilt werden, obwohl sie mich immer wieder ermutigt und mir neue Kraft gegeben haben. Die eigentliche Verwandlung meines Herzens sollte völlig das Werk von Gottes Händen sein zu seiner Verherrlichung – so vollständig und so gewiß, daß keinerlei Fragen mehr bleiben würden hinsichtlich seiner Liebe und seiner erhaltenden Kraft in meinem Leben.

Steves Todesursache war eindeutig. Noch bevor ich es von Jim gehört hatte, wußte ich, daß er im Hubschrauber gestorben war. Jim erzählte mir, was er über den Unfall wußte. Obwohl man zu diesem Zeitpunkt noch nicht wußte warum, war der Motor anscheinend ausgefallen. Steve und sein Fluggast, der Missionar Troy Waldron, waren beim Aufprall sofort tot gewesen.

Ich rief noch ein paar Leute an und machte mich dann mit Jim und Darlene auf den Weg zu Troys Frau Jewell. Auch sie hatte gerade erst von dem Unfall erfahren. Zwei Tage zuvor hatten wir sie noch beim Volleyballspielen getroffen. In der vergangenen Woche hatte sie erfahren, daß sie mit ihrem dritten Kind schwanger war.

Auf dem Weg zu ihr kamen wir an einem Militärkrankenhaus vorbei. Auf der anderen Seite der Schotterstraße war ein Fußballplatz, und es sah so aus, als sei gerade ein Spiel zu Ende gegangen, denn viele Patienten waren auf dem Rückweg zum Krankenhausgelände. Alle Patienten gingen entweder an Krücken oder hatten sonst irgendwelche dicken Verbände. Wir konnten nur noch Schritt fahren, und als die behinderten Männer sich zu beiden Seiten der Straße teilten, um uns durchzulassen, konnte ich ihre Gesichter aus der Nähe sehen. Plötzlich war ich Gott dankbar dafür, daß Steve nicht schwerverletzt überlebt hatte, um vielleicht ein Leben führen zu müssen wie diese Männer. Die Leere in ihrem Blick drückte tiefen Schmerz aus.

Als wir bei Jewells Haus ankamen, waren dort schon viele Menschen, um ihr ihr Beileid auszusprechen. Ich kannte sie zwar alle, aber es hatten sich eben doch noch keine wirklichen intensiveren Freundschaften entwickelt, so daß ich mich ein bißchen fremd fühlte. Und ich merkte, daß es auch ihnen schwer fiel, mir gegenüber ihre Gefühle zum Ausdruck zu bringen. Aber schon allein ihre Anwesenheit und das Wissen, daß sie mir ihre Liebe als verlängerte Arme der Liebe Christi zeigen wollten, waren mir ein großer Trost. Gegen neun Uhr entschlossen wir uns, ins Krankenhaus zu fahren, um Steve und Troy noch einmal zu sehen. Ich hatte bei dem Gedanken daran zwar sehr gemischte Gefühle, aber ich fühlte den inneren Zwang dazu. Mit einigen Freunden drängten wir uns in einen kleinen Missionsbus und fuhren fast bis ans andere Ende der Stadt. Manche der Viertel, durch die wir kamen, kannte ich überhaupt nicht. Das Krankenhaus wirkte von außen wie ein Gefängnis oder ein Konzentrationslager. Außenscheinwerfer beleuchteten die verwitterten Wände und Eingänge. Man schickte uns zum Hintereingang. Nachdem wir der Wache unser Anliegen verständlich gemacht hatten, durften wir eintreten. Trotz des naßkalten Nieselwetters stiegen Jewell und ich aus dem Auto und warteten auf Pfarrer Fahnenstock, der losgegangen war, um sich nach Steve und Troy zu erkundigen.

Kurz darauf erschien er an der Tür zum Gang, der zur Leichenhalle führte. Im Licht der einen schwachen Glühbirne sah ich sein besorgtes Gesicht. Er besprach sich kurz mit einem anderen Mann und kam dann auf uns zu. Wir sollten, meinte er, besser nicht mehr zu unseren Männern, sondern sie so in Erinnerung behalten, wie wir sie gekannt hatten. Der

Unfall hätte sie arg entstellt. Die Totenstarre halte noch an, und Steve sei immer noch in seiner Flughaltung, die eine Hand zu den Instrumenten ausgestreckt, die andere neben sich am Hauptruder.

„Gott liebt ihn", sagte ich leise, „das war seine Lieblingshaltung beim Fliegen." Wenn Steve sich hätte aussuchen können, wie er sterben wollte, dann hätte er es sich so gewünscht, im Dienst für Jesus auf seinem Pilotensitz in seinem Hubschrauber. Wir stellten uns zu einem kleinen Kreis zusammen und sprachen ein Gebet. Schweren Herzen stiegen wir wieder in unseren Bus und dachten nach über Gottes Wege mit seinen Kindern.

Die Nacht verbrachte ich in einer leeren Wohnung im Haus von Jim und Darlene. Steven war bereits dort hingebracht worden. Schon am Morgen hatte ich ihm erklärt, daß sein Vater bei einem Flugunfall ums Leben gekommen sei und jetzt bei Jesus, Colby und Christina wäre. Als ich zu Bett ging, kam er noch einmal zu mir. Treuherzig, wie nur ein Kind sein kann, lächelte er mich an und sagte: „Also, Mami, ich nehme an, du bist jetzt eine Witwe. Du wirst jetzt einen neuen Papi für mich finden müssen."

Ich war sprachlos und konnte mir nicht helfen: Ich mußte einfach lachen. „Wo hast du denn das her?" fragte ich ihn.

„Wir haben diese Woche in der Sonntagsschule von Elia und der Witwe gehört", antwortete er mir.

Das war gerade erst zwei Tage her! Mich überkam eine tiefe Freude, als ich merkte, wie Gott für meinen Steven gesorgt hatte. Nur kurze Zeit vor dem Unfall hatte er aus der Bibel etwas über Witwen gelernt. Er konnte es also noch nicht vergessen haben und brauchte sich deshalb nicht zu ängstigen.

Ein Ende und ein Anfang

In dieser Nacht schlief ich sehr schlecht. Mir war nicht wohl in der fremden Wohnung, und ich ließ die Nacht über das Licht brennen. Gegen drei Uhr morgens nickte ich endlich ein. Um sechs Uhr wachte ich auf und fing gleich an, in der Bibel zu lesen. Während meiner Stillen Zeit setzte der Herr wieder den Heilungsprozeß meines Herzens in Gang, und er versicherte mir, daß meine Heilung von ihm allein kommen würde.

> *Aber sei nur stille zu Gott, meine Seele;*
> *denn er ist meine Hoffnung.*
> *Er ist mein Fels, meine Hilfe und mein Schutz,*
> *daß ich nicht fallen werde.*
> *Bei Gott ist mein Heil und meine Ehre, der Fels meiner Stärke,*
> *meine Zuversicht ist bei Gott.*
> *Hoffet auf ihn allezeit, liebe Leute,*
> *schüttet euer Herz vor ihm aus.*
> *Gott ist unsere Zuversicht.*
> (Psalm 62,6-9)

Wir nehmen es als Allgemeinwissen, daß Gott Sünder retten kann, aber wir glauben nicht von ganzem Herzen, daß Gott einen Gläubigen erhalten kann und will. Durch den Psalm fing jetzt die erhaltende Kraft Gottes an, in mir zu wirken. Die Worte bewirkten in mir einen ersten Hauch persönlichen Friedens im Umgang mit Steves Tod. Gottes Wort – das Wort, das er uns gegeben hat, steckt voller Macht, Liebe und Erkenntnis seiner Wege, und das alles ist uns eine Hilfe auf unserem persönlichen Weg mit ihm. Sein Wort berührte mich zutiefst. Gott allein würde so treu sein und sein Werk in mir vollenden. Er allein würde mich in seiner Liebe zur Ruhe kommen lassen. Er allein würde meine Rettung, mein Fels, meine Ruhe und meine Zuflucht sein. Nur er allein würde ganz sicher die Last tragen, die auf mir lag, und ich fühlte mich schon jetzt ganz eingehüllt in seine Barmherzigkeit.

Ich kehrte in meine Wohnung zurück und bekam im Laufe des Tages sehr viel Besuch. Außerdem riefen unzählige Leute aus den Vereinigten Staaten an, und ich war durch diese Beweise der Liebe und Fürsorge anderer getragen, während langsam in mein Bewußtsein vordrang, daß Steve wirklich tot war. Es war ein Tag, an dem ich mich selbst an die wunderbaren Eigenschaften meines Mannes erinnerte, und an dem mir von anderen Menschen Wunderbares über Steve mitgeteilt wurde. Ich erinnere mich noch gut, daß ich mit Pastor Fahnenstock sprach, der uns als seine Gemeindeglieder gerade erst kennengelernt hatte. Ich wollte ihm so gern vermitteln, wie wunderbar Steve gewesen war, und ich sagte: „Steve war von Natur aus großzügig. Ich habe nie einen Menschen erlebt, der so bereitwillig anderen gedient hat wie er; er wäre eine wunderbare Ehefrau gewesen." Beim letzten Satz merkte ich an seinen Augen, daß er verstanden hatte, was ich meinte.

Am nächsten Morgen, einem Donnerstag, erfuhren wir, daß Steve und Troy zur Beerdigung hergerichtet worden waren. Der Arzt meinte, wenn wir beide, Jewell und ich, unsere Männer noch einmal sehen wollten, dann sei das jetzt möglich. Wir mußten das am Vormittag tun, da die Beerdigung schon für den Nachmittag desselben Tages festgesetzt worden war. Nachdem wir Jewell und ein paar weitere Damen abgeholt hatten, fuhren wir zur Leichenhalle des Krankenhauses. Als ich im Vorraum des Raumes stand, in dem mein Mann aufgebahrt war, wurde mir so schwer ums Herz, daß ich es kaum ertragen konnte. Aber die Barmherzigkeit Gottes hüllte mich ein, so daß ich Mut faßte und hineinging. Als ich mich von Colby und Christina verabschiedet hatte, war das Teil eines Heilungsprozesses gewesen, der es mir erleichtert hatte, sie loszulassen. Ich konnte jetzt nur Gott vertrauen, daß er mich auch Heilung erfahren lassen würde, wenn ich Steve ein letztes Mal sah. Die beiden Särge standen nebeneinander auf dem Boden eines nur schwach beleuchteten, unordentlichen, schmutzigen Raumes. Steves schwere Verletzungen waren deutlich erkennbar, und nachdem ich seine Krawatte gerichtet hatte, konnte ich nur noch weinen und ein kurzes Gebet sprechen. Steve war mein bester Freund gewesen, und jetzt konnte ich nicht mehr mit ihm reden. Ich konnte ihm nicht mitteilen, wie mir zu Mute war. Ich konnte ihm nicht sagen, wie sehr die Einsamkeit schmerzte, die mich bis in jede Faser durchdrang. Da war weder Freude noch Lobpreis, als ich neben meinem Mann kniete. Da war nur Schmerz – tiefer Schmerz –, und ich hätte jetzt auch kein winziges bißchen mehr an Kummer ertragen können.

Bevor ich den Raum wieder verließ, ging ich noch zu Troys Sarg hinüber. Ich hatte ihn kaum gekannt, aber es war für mich schon bedeutsam, daß er zusammen mit meinem Mann zum Herrn gerufen worden war. Von diesem Augenblick an war die Erinnerung an ihn für mich etwas ganz Besonderes. Auch an seinem Sarg betete ich, und obwohl ich mich mit jeder Faser danach sehnte, noch eine Minute länger zu bleiben, verließ ich den Raum. Ich brauchte verzweifelt jemanden, der mich umarmte. Ein befreundeter Arzt stand im Vorraum, und er ließ mich an seiner Schulter weinen.

Ich ging allein in unsere Wohnung zurück, um mich auf die Beerdigung vorzubereiten. Mein Hausmädchen Selamauweet war zwar auch da, aber sie sprach kein Englisch. Ich hatte also in den folgenden Stunden genügend Zeit, mir vor der Beisetzung über meine Gefühle klar zu werden. Langsam ging ich Steves Sachen durch und verstaute sie. Es war nicht viel, vor allem Kleidung. In einer Woche würde ich Äthiopien verlassen, und es waren jetzt kostbare Stunden, die ich hatte, um nachzudenken und allein seine Sachen durchzugehen, in meinem eigenen Tempo. Selamauweet stand schweigend neben mir, aber ich spürte ihre Liebe und ihr Mitgefühl, und ich sah, daß Tränen ihre Wangen hinabliefen.

Anschließend setzte ich mich ans Klavier. Auf dem Notenständer lagen noch die Blätter zu „Mein ganzes Herz", einem Lied, das ich erst vor kurzem geschrieben hatte. Und als ich auf die Titelzeile starrte und anfing, die Worte ganz langsam für den Herrn zu singen, da lösten sie eine wahre Tränenflut aus. Es schien so schwer, ihm wirklich mein ganzes Herz zu geben. Immer wenn ich dachte, jetzt hätte ich ihm alles gegeben, dann war da doch noch etwas, das ich ihm vorenthalten hatte. Aber genau darum geht es eben, wenn wir unseren Weg mit ihm gehen: Lehre für Lehre, Schritt für Schritt. Wir werden nach dem Bild Christi geformt, wir lernen, wie wir ihm unser Leben völlig und vorbehaltlos anvertrauen können. Ich war so dankbar für diese Stunden allein mit ihm, in denen ich weinen und den Tränen freien Lauf lassen konnte, die aus meinen Tiefen hervorsprudelten, denn gerade in meiner Schwäche stärkte er mich und bereitete mich innerlich auf den Gottesdienst am Nachmittag vor – die Beerdigung eines weiteren geliebten Menschen. Der Gedanke, mit ansehen zu müssen, wie ein weiteres Mal ein Sarg in die Erde gesenkt wurde, war fast zu viel für mich. Das Bild verschlang mich förmlich, und mit ganzem Herzen blickte ich auf den Herrn. Mir war klar, daß ich nur mit Hilfe seiner Kraft den Gottesdienst würde überstehen können.

Um halb zwei Uhr holten Jim und Darlene mich ab. Steven, der bei Wally und Tannie war, sollte mit ihnen zusammen zum Gottesdienst kommen. Der Ausländerfriedhof lag in einem nördlichen Vorort der Stadt. Es war ein regnerischer, nasser Nachmittag, und kurz vor der Einfahrt zum Friedhof gerieten wir auch noch in einen Stau, weil eine andere Beerdigung gerade zu Ende war. Es waren über 400 Menschen gekommen – viele davon waren Mitarbeiter der äthiopischen Behörden, Angestellte der amerikanischen Botschaft und Vertreter der internationalen Hilfsorganisationen.

Das Friedhofsgelände war uneben und ungepflegt und jetzt durch das Regenwetter auch besonders aufgeweicht und schlammig. Fast alle Trauergäste hatten Regenschirme dabei und versammelten sich um das offene Grab herum, um zu warten. Die Stimmung war ruhig und respektvoll, aber nicht trübsinnig. Steve und Troy sollten nebeneinander beerdigt werden, und Jewell und ich warteten gefaßt auf das Eintreffen der Särge. Es ist äthiopische Sitte, daß bis zum Eintreffen des Sarges laut geweint und geklagt wird, und ein Teil von mir hätte genau das auch gern getan, aber statt dessen hörte ich schweigend Tannie zu, die Steven erklärte, was gerade geschah.

Im Lauf des Gottesdienstes klärte es sich auf, und die Sonne kam durch. Am Ende des Gottesdienstes waren alle Schirme zugeklappt, die Mäntel waren ausgezogen und es war, als umhülle uns der blaue Himmel und der strahlende Sonnenschein wie eine warme himmlische Decke. Gott in seiner unendlichen, tiefen, mitfühlenden, innigen persönlichen Liebe umarmte mich mit dem Bild seines Sieges über den Tod. Jim Baker sagte später zu diesem Wetterumschwung: „Es erinnerte mich daran, wie die Todesklage zu einer Feier der herrlichen Auferstehung wird."

Wie recht er hatte! Ich dachte darüber nach, wie es nach der Kreuzigung Jesu plötzlich dunkel geworden war. Jesus nahm nicht nur die Strafe für unsere Sünde auf sich, sondern er war auch noch von der Liebe seines Vaters getrennt. Der Vater schüttete seinen ganzen Zorn auf den einzigen Sohn aus. Und dann strahlten der Sieg und die Herrlichkeit des Ostersonntags mit aller Auferstehungskraft. Ich merkte, daß Gott auf gewaltige Weise zu mir sprach. Er zeigte mir wirklich, wie ich in meinem tiefen Schmerz „die Gemeinschaft seiner Leiden" mit ihm hatte. Diese Gemeinschaft war nicht irgendetwas, was ich in einem Buch gelesen hatte, sondern es war eine Wahrheit, die ich jetzt geistlich erlebte.

Aber was noch wichtiger war: Ich begann zu verstehen, was „seine Auferstehungskraft" eigentlich bedeutet. Es ist die Macht seiner Liebe, die mein Herz festhält, die verhindert, daß ich falle, egal, wie meine Lebensumstände auch sein mögen. Es ist seine Souveränität in einer Welt, in der der Fürst der Finsternis herrscht; es ist seine Gnade, die mich vor der Macht dieses Fürsten und von der alles umfassenden Fehlerhaftigkeit meines eigenen Wesens rettet; und es ist sein letztgültiges Opfer, daß der Tod seines Sohnes uns von dem Fluch befreit, der nicht nur zu unserem körperlichen Tod führt, sondern, was viel verheerender ist, unseren geistlichen Tod nach sich zieht. Ja, wenn ich nicht beschlossen hätte, Jesus zu vertrauen, dann wäre meine Hoffnung unter dem Fuß des Fürsten zermalmt worden, des Fürsten, der nur kommt, um zu „stehlen", „zu töten" und „zu zerstören." „Denn wir haben nicht mit Fleisch und Blut zu kämpfen, sondern mit Mächtigen und Gewaltigen, nämlich mit den Herren der Welt, die in der Finsternis herrschen, mit den bösen Geistern unter dem Himmel" (Eph 6,12).

Auch wir Christen bleiben vor dem Kummer des Lebens nicht verschont. Es wäre für Gott ein Leichtes gewesen, Christina zu heilen, wenn er gewollt hätte. Auch das Gift, das Colby getrunken hatte, hätte ihm nicht geschadet, wenn Gott es so gewollt hätte, und er hätte Steve auf seinen Flügeln tragen können, so daß nichts dem Hubschrauber etwas hätte anhaben können. Wenn wir nur an Gott glauben wegen der Segnungen, die er uns geben kann, dann beruht unser Glaube an ihn nicht auf Liebe und Vertrauen, sondern auf unseren egoistischen Wünschen und auf unserer Vorstellung, daß Gott uns etwas schuldet, weil wir an ihn glauben. Gott möchte, daß unsere Liebe zu ihm rein und heilig ist, so wie seine Liebe zu uns rein und heilig ist. Wir sollen an den Punkt gelangen, an dem wir mit Hiob sagen können: „Siehe, er wird mich doch umbringen, und ich habe nichts zu hoffen; doch will ich meine Wege vor ihm verantworten" (Hiob 13,15).

Manche halten das Leiden Jesu für eine Eintrittskarte zu einem schmerzfreien Leben, und sie glauben, daß sie alles bekommen, worum sie bitten, weil sie „im Namen Jesu" darum bitten. Es haben wirklich schon Leute zu mir gesagt, daß wir auf dieser Welt kein Leid und keinen Kummer mehr ertragen müssen, weil ja Jesus am Kreuz für unsere Sünden gelitten hat und gestorben ist. Und weil ich ja ganz offensichtlich Leid erfuhr und Schweres durchmachen mußte, stimme sicherlich etwas nicht mit meinem Weg mit dem Herrn. Solche Leute berufen sich auf Stellen wie Jesaja 53,5: „durch seine Wunden sind wir geheilt", und behaupten, der Vers bedeute, daß wir weder Krankheiten noch Schweres erleiden müssen, weil Christus unsere Strafe auf sich genommen hat. Aber diese Aussage steht nicht nur in direktem Widerspruch zur Bibel, sondern sie läßt auch außer acht, daß wir Gott ohne Glaubensprüfungen nur sehr unvollständig und oberflächlich kennenlernen, seine Liebe zu uns und das Opfer Christi am Kreuz für unsere Sünden. Es ist viel besser, sich die Einstellung von Paulus zum Leiden zu eigen zu machen: „Darum will ich mich am allerliebsten rühmen meiner Schwachheit, damit die Kraft Christi bei mir wohne. Darum bin ich guten Mutes in Schwachheit, in Mißhandlungen, in Nöten, in Verfolgungen und Ängsten, um Christi willen; denn wenn ich schwach bin, so bin ich stark" (2. Korinther 12,9b.10).

Tod, Krankheit, innerer Schmerz, Unglücksfälle, Einsamkeit, Sünde, Kummer, Verfolgung, Gefahr – das alles ist gar nicht der Kampfschauplatz, sondern die Seele ist es. Ohne Christus kämpfen wir allein – und verlieren. Wenn wir Christus haben, kann uns absolut nichts von der Liebe Gottes trennen. „Aber in dem allen überwinden wir weit durch den, der uns geliebt hat. Denn ich bin gewiß, daß weder Tod noch Leben, weder Engel noch Mächte noch Gewalten, weder Gegenwärtiges noch Zukünftiges, weder Hohes noch Tiefes noch eine andere Kreatur uns scheiden kann von der Liebe Gottes, die in Christus Jesus ist, unserm Herrn" (Römer 8,37-39).

Der Schlüssel ist also, in allem in Christus zu sein. Diese Wahrheit wurde für mich sogar noch realer, als ich an jenem Tag mit unserem Kombi durch die geschäftigen Straßen von Addis Abeba fuhr. Die Erkenntnis, daß Steve nie wieder zurückkommen würde, traf mich plötzlich mit unglaublicher Wucht bis ins Mark. Die reine Panik und unkontrollierbare Angst durchfuhren meinen Körper, wie ich es noch nie zuvor erlebt hatte. Es war, als zeige Gott mir, wie es wäre, wenn ich nicht nur diesen Moment, sondern den ganzen Rest meines Lebens ohne ihn leben müßte. Er ließ mich einen Blick auf eine Ewigkeit ohne Christus werfen – völlige Verzweiflung. Kein Zugang zum Frieden. Kein Zugang zu Liebe. Und allgegenwärtig die Hölle. Diese Panik dauerte nur eine Sekunde und war dann wieder vorbei, und ich spürte, wie die Kraft und die Gnade Gottes durch mich hindurchströmten wie fließendes Wasser, das mich von diesen Gefühlen reinigte. Einmal mehr vollzog sich in meinem Herzen die „Scheidung von Seele und Geist", und Gottes Liebe zog wieder ein.

Am nächsten Morgen, es war Freitag, der 7. August und drei Tage nach dem Absturz, traf Ernst Tanner aus der Schweiz ein. Ich war so froh, ihn zu sehen und wieder das Gefühl zu haben, zu jemandem zu gehören. Die anderen Missionare hatten sich unglaublich bemüht, mir ihre Liebe zu zeigen, aber als ich jetzt Ernst sah, merkte ich plötzlich wieder, wie einsam ich mich innerlich fühlte. Das Mitgefühl und der Kummer in seinen Augen brannten sich in mein Herz, und sein Verständnis und seine Liebe gaben mir neue Kraft. Nachdem wir uns umarmt hatten, begann ich ihm von dem Unfall zu berichten. Steven war bei Freunden untergebracht, also beschlossen wir, gemeinsam zur Unfallstelle zu fahren. Er fragte nicht, ob das denn unbedingt nötig war, und er bat mich auch nicht, doch lieber zu Hause zu bleiben, obwohl viele andere Leute kein Verständnis hatten für meinen Wunsch, den Unfallort zu sehen. Einige hatten gefragt: „Was kann denn da sein, was du unbedingt sehen mußt?" Aber als Pilotenfrau, die auch ein wenig von der Sache verstand, wollte ich die eine oder andere Frage gerne geklärt haben. Ich mußte mir ein Bild vom Unfallhergang machen. Wie hatten die letzten Minuten im Leben meines Mannes ausgeschaut? Was mochte ihm durch den Kopf gegangen sein? Was hatte er vielleicht schnell noch versucht?

Schon eine Stunde später starteten wir mit dem Hubschrauber vom Internationalen Flughafen von Addis Abeba in Richtung Norden über die Berge. Nach zehn Minuten befanden wir uns über der Absturzstelle. Damit sich Ernst einen besseren Überblick verschaffen konnte, umkreisten wir mehrmals die Stelle. Meine Augen aber klebten an den Trümmern unter mir. Der Hubschrauber war völlig zerstört. Überall lagen Wrackteile. Der Pilot lenkte den Hubschrauber auf eine Landestelle etwas oberhalb der Absturzstelle zu. Als ich ausstieg, wußte ich nicht, wie mir war. Es standen viele Menschen herum und untersuchten das Wrack nach Anhaltspunkten für die Absturzursache. Neben zwei Offiziellen der äthiopischen Luftfahrtbehörde entdeckte ich zwei Mechaniker, die ich schon im Hangar in Addis gesehen hatte, George und Bill. Ich lief den Hang hinunter auf sie zu und fragte sie, was sie bis jetzt herausgefunden hätten.

Bill erklärte mir, Steve und Troy seien am Morgen des 4. August gegen 7.45 Uhr in Addis Abeba gestartet. Troy wollte nach Alem Ketema, einer Lebensmittelverteilstelle, die von den Baptisten geleitet wurde. Nach etwa zehn Minuten Flugzeit habe Steve bemerkt, daß über gebirgigem Gelände die Motorleistung plötzlich rapide nachließ. Er war gerade über einer Schlucht, durch die ein Bach lief. Als er an einer Seite des Berges versuchte, tiefer zu gehen, verlor er Geschwindigkeit, und die Geschwindigkeit der Rotoren nahm ab. Wenn er versucht hätte, auf der näherliegenden Seite der Schlucht zu landen, dann wäre der Hubschrauber wahrscheinlich in den Bach gerutscht. Es sah so aus, als hätte er statt dessen versucht, noch die andere Seite zu erreichen, aber bis dahin war die Rotorengeschwindigkeit bereits zu gering, aber die Geschwindigkeit war noch viel zu hoch, und der Motor hatte nicht mehr die Kraft, die Landung abzudämpfen. Als er den Bach überflog, war er so nah am Boden, daß das Heckteil des Hubschraubers einen Baum streifte und abbrach. Die Rumpfunterseite streifte schließlich die Böschung des kleinen Zuflusses, der Hubschrauber überschlug sich, und Steve und Troy waren auf der Stelle tot.

George fügte noch hinzu, ein paar Dorfbewohner hätten vom Berggipfel aus den Absturz beobachtet und wären sofort herbeigeeilt. Sie hätten das Wrack der Führerkabine umgedreht und Steve und Troy herausgezogen. Dann hätten sie sie eine Stunde lang bis zur nächstgelegenen Straße getragen. Dort trafen sie ein paar Militärpolizisten, die die Leichname zurück nach Addis Abeba gebracht hatten.

Als ich mir Georges und Bills fachkundige Wiedergabe der Ereignisse anhörte und mir klar wurde, daß nur ein paar kleine Details hätten anders sein müssen, damit sie es geschafft hätten, da wußte ich ohne Zweifel, daß Gott Steve und Troy bei sich haben wollte. Es war fast Mittag, und wir mußten die Unfallstelle jetzt bald verlassen. Ernst und ich wollten am Nachmittag noch einmal zurückkommen. Er wollte das Wrack nach Addis Abeba zurückbringen und ein paar Teile davon retten. In der Zwischenzeit gingen wir im Gästehaus der internationalen Mission essen, aber zum ersten Mal in meinem Leben war ich außerstande, etwas zu mir zu nehmen. Obwohl ich unglaublich hungrig war, weigerte sich mein Körper, Nahrung aufzunehmen, und ich gab die Versuche, ihn zu zwingen, rasch auf. Gegen halb zwei Uhr flogen wir erneut zur Unfallstelle, diesmal mit einem Hubschrauber, der so groß war, daß er auch die großen Wrackteile in einem außen befestigten Netz abtransportieren konnte. Als wir jedoch an unserem Ziel ankamen, stellten der Pilot und der Mechaniker fest, daß der Frachthaken schadhaft war. Sie flogen zurück in die Stadt, um Ersatz zu besorgen, und Ernst und ich warteten so lange an der Unfallstelle.

Während Ernst die Wrackteile begutachtete, setzte ich mich in die Nähe des Baumes, den Steve als erstes gestreift hatte. Ich saß dort am Hang mit Blick auf die hohen grünen Berge, den tiefblauen Himmel und die weißen Wolkentürme. Ich hörte das Plätschern des Baches und die afrikanischen Singvögel, die die Luft mit ihrem Gesang füllten, und ich konnte mir plötzlich keinen schöneren Ort für Steve vorstellen, seinem Herrn zu begegnen. Warum hätte der Herr Steve *nicht* bei sich haben wollen? Ich kannte niemanden, der bereitwilliger diente als Steve. An ihm konnte man ständig die Früchte des Geistes sehen, und soweit ich weiß, waren auch seine Gedanken rein. Ich konnte mich nicht erinnern, daß er jemals etwas Schlechtes über einen anderen Menschen gesagt hätte. Er ging seinen Weg mit Gott, hatte eine persönliche Beziehung zu Jesus und tat sein Bestes, ihm in jeder Hinsicht zu gefallen. Gott hätte die Umstände ändern können, die zu Steves Tod führten. Er hätte dem Hubschrauber ein paar Meter mehr Höhe geben können, aber Gott hatte etwas anderes vor mit Steve und Troy und mit den Menschen, die die beiden hinterließen.

Bei diesen Gedanken merkte ich, wie ich von einem tiefen Frieden erfüllt wurde. Dort, an dem Abhang, wo mein Ehemann dem Herrn begegnet war, sang ich Gott jetzt Lieder. Ich sang keine Lieder der Trauer mehr, sondern Loblieder; Lieder, die von Herzen kamen, und zwar von einem Herzen, das die Freiheit hatte, auf Gottes ewigen Plan zu vertrauen.

Die Absturzstelle war ein Ende und ein Anfang. Sie war der Ort, wo ich meinen Mann losließ und ihn bereitwillig meinem Herrn zurückgab, und sie war ein Ort, wo das Leben einmal mehr Sinn bekam. Gott gab mir eine neue Sicht und erneuerte den Sinn meines Lebens. Leiden, das einem gewährt wird, stellt sich als Segen dar oder vielleicht sogar eher noch als Ehre. Als ich über Christinas und Colbys Tod und auch über meine Krankheiten nachdachte, war mir irgendwann klar geworden, daß Jesus sein Leiden nicht als etwas begriff, das nur ihn selbst betraf, sondern daß es zur Verherrlichung des Willens des Vaters diente, zur Erlösung der gefallenen, rebellierenden Menschheit. Jetzt sagte mir Gott, daß der reine und klare Lebenswandel meines Mannes und sein Tod nicht allein mich betrafen, sondern daß sie dazu dienten, einer kaputten Welt die Liebe Gottes deutlich zu machen.

Genauso wie Jesus über den Schmerz und die äußeren Umstände hinaus auf den umfassenderen Plan Gottes schaute, so soll ich das auch tun. Auch wenn Gott mich auf eine Art näher zu sich zog, die ich nicht verstehen konnte und die mir so weh tat, erweiterte er auch meine Sicht vom Dienst an einer Welt, der seine Liebe fehlt und die deshalb keine Hoffnung hat. „Wahrlich, wahrlich, ich sage euch: Wenn das Weizenkorn nicht in die Erde fällt und erstirbt, bleibt es allein; wenn es aber erstirbt, bringt es viel Frucht" (Johannes 12,24).

Über eine Stunde lang saß ich dort an dem Hügel, sang und dachte nach über die Wege Gottes, bis ich in der Ferne ein Dröhnen hörte und dann über der Bergkette den Hubschrauber kommen sah. Zu diesem Zeitpunkt wußte ich, daß die Gnade und Liebe Gottes mein Herz durchdrungen hatte und daß ich wieder in Ordnung kommen würde. Als mir wieder klar wurde, wo ich gerade war, dachte ich an eine Aussage Davids in den Psalmen: „Ich hebe meine Augen auf zu den Bergen. Woher kommt mir Hilfe? Meine Hilfe kommt vom Herrn, der Himmel und Erde gemacht hat" (Psalm 121,1.2).

Kurz darauf wurden die Wrackteile in die Hauptstadt zurückgeflogen, und Ernst und ich kletterten in den Hubschrauber zu unserem letzten Flug über die Berge. Beim Start schauten wir ein letztes Mal hinab zu dem Ort, der uns so viel Leid gebracht hatte, aber für mich auch einen persönlichen Sieg, denn ich konnte meinen begrenzten Verstand überwinden und Gott vertrauen.

Am Abend waren wir bei Wally und Tannie zum Abendessen eingeladen. Steven war schon die ganze Zeit dort gewesen und nutzte die Gelegenheit, mit Katie und Peter zu spielen, die beide ungefähr in seinem Alter waren. Ich mußte staunen, wie der Herr auch an Steven wirkte und seinen schlichten Kinderglauben stärkte. Mit uns zu Tisch saß Ruth, eine Missionskrankenschwester, die mir erzählte, daß sie am frühen Nachmittag ein Gespräch zwischen Peter und Steven mitbekommen hatte. Es war darum gegangen, wer auf der Welt am stärksten ist.

Peter meinte: „He-Man ist der Stärkste!" – „Nein", gab Steven zurück, „das ist Micky Mouse." Sie überlegten, wer von ihnen nun wohl recht hätte. Plötzlich warf Steven ein: „Nein, Gott ist am stärksten."

Lautstark hielt Peter dagegen: „Aber du kannst bei Gott doch gar nicht die Muskeln sehen."

„Stimmt! Aber mein Papa, der sieht sie!", hatte Steven abschließend triumphierend gerufen.

Zehn Tage nach dem Unglück fuhren Ernst, Steven und ich zum Flughafen, um in die Staaten zurückzufliegen, nachdem die Helimission vorübergehend geschlossen worden war. Nach der Zollabfertigung blieb uns noch etwa eine halbe Stunde bis zum Abflug, und wir suchten uns einen Platz in der Abflughalle, von dem aus Steven das Rollfeld überblicken konnte. Von unserem Platz aus konnte man auch die Stelle sehen, wo jeden Abend der Hubschrauber der Helimission gelandet war. Ich starrte dort hinüber auf den leeren Landeplatz und dachte darüber nach, was ich alles zurückließ. Ich hatte nur 15 Monate lang in Afrika gelebt, und es hatte mich so viel gekostet. Dennoch waren mir diese Menschen mit ihrer schlichten Lebensweise ans Herz gewachsen. Sie hatten Gott so nötig. Welches Vorrecht, daß unsere Familie ein Teil von ihnen hatte werden dürfen. Ich wäre gerne dort geblieben, wo sich mein Herz zu Hause fühlte. Ernst, der den inneren Aufruhr hinter meiner Schweigsamkeit spürte, legte seine Hand auf die meine und sagte mit einem tiefen Seufzer: „Es ist schwer, Kathy, nicht wahr? Aber Gott kennt dich, und die Erinnerungen und der Schmerz, die du zurückläßt, werden die Bausteine sein für eine neue Zukunft mit ihm. Jeder neue Tag ist ein Tag, an dem wir ihm die Ewigkeit anvertrauen dürfen." Ich wandte mich vom Fenster ab und mußte mit den

Tränen kämpfen. Aber durch die Tränen hindurch lächelte ich Ernst zu und nickte zustimmend. Er drückte meine Hand, und als ich wieder zum Fenster hinausschaute, da erkannte ich, daß mein Leben mit dem Gottes total verwoben war.

Ein Knacken im Lautsprecher holte mich zurück. Unser Flug wurde ausgerufen. Schnell suchten wir unsere Sachen zusammen. Ich nahm Steven fest bei der Hand und lief durch die Terminal-Tür zum bereitstehenden Flugzeug. Gemeinsam strebten wir einem neuen Leben nach dem Tod entgegen.

EINE MITREISSENDE AUTOBIOGRAPHIE!

Elisabeth Stahlschmidt:

AUCH OHNE MEINE KINDER

Eine Ärztin zwischen zwei Kulturen erlebt die gewaltsame Trennung von ihren Kindern

Als Zahnärztin im Missionsdienst lernt Elisabeth den charmanten ägyptischen Arzt Hussein kennen. Sie verlieben sich bis über beide Ohren und heiraten.

Doch als die beiden in Husseins Heimat zurückgehen, beginnen die Schwierigkeiten. Die katastrophale finanzielle Situation, die strengen gesellschaftlichen Regeln und die Feindseligkeiten der Familie machen das Leben in Ägypten für Elisabeth zur Qual. Mit ihren inzwischen vier Kindern siedelt die Familie daraufhin nach Deutschland um.

Doch Hussein kehrt in seine Heimat zurück. Als Elisabeth ihn in Ägypten aufsucht, entführt Hussein die vier gemeinsamen Kinder und verwehrt Elisabeth seither jeden Kontakt mit ihnen ...

Paperback, 220 Seiten plus 8 Seiten Bildteil
Bestell-Nr. 815 433

EINE MITREISSENDE AUTOBIOGRAPHIE!

Helga Mösle:

UND KEINER HÖRT MEIN SCHREIEN

Eine Frau durchleidet die dramatischen Folgen einer ärztlichen Fehlbehandlung

Helga Mösle führt ein Bilderbuchleben: Sie ist hübsch, beruflich erfolgreich, glücklich verheiratet und stolze Mutter von zwei süßen Töchtern. Doch plötzlich wird ihr Leben von einem lebensgefährlichen Asthmaanfall überschattet. Von heute auf morgen ist die lebenslustige Frau ein Pflegefall.
Doch das ist erst der Anfang ihres unglaublichen Leidenswegs. Im Kampf um ihr Leben greifen die Ärzte zu immer höheren Dosen des umstrittenen Medikaments Cortison – mit schrecklichen Folgen: Die junge Frau verliert ihr Erinnerungsvermögen und jeden Realitätsbezug, bis schließlich eine Einweisung in die Psychiatrie unumgänglich scheint. Dort erlebt sie die Hölle auf Erden.

Nur mit Hilfe ihrer Familie und Freunde, die beharrlich um sie kämpfen, und ihres tiefen Glaubens an Gott, der ihr immer wieder Kraft gibt, erlebt sie schließlich innere und äußere Heilung.

Paperback, 220 Seiten plus 8 Seiten Bildteil
Bestell-Nr. 815 502

BEWEGENDE BIOGRAFIEN

C. W. Stafford:
SCHREI IM WIND
Aus dem Leben
einer Indianerin

Die Indianerin Crying Wind wächst
bei ihrer Großmutter unter elenden Verhältnissen in
einem Reservat auf. Als sie schließlich an der Armut und
der Hoffnungslosigkeit ihres Lebens verzweifelt,
beschließt sie eines Tages, sich umzubringen.
Doch dann lernt sie Christen kennen – und gerät erneut
in eine tiefe Krise. Denn nun beginnt in ihr ein verzweifelter Kampf zwischen dem liebenden Gott der Bibel und
den alten indianischen Gottheiten, von denen ihre Großmutter so oft erzählt hat.

Ein spannendes Lebenszeugnis, das in eindrucksvoller
Weise schildert, wie Gott ein Leben verändern kann.

Taschenbuch, 240 Seiten, Bestell-Nr. 815 675

BEWEGENDE BIOGRAFIEN

C. W. Stafford:

TANZ IM WIND

Die Fortsetzung der ungewöhnlichen Lebensgeschichte der Indianerin „Schrei im Wind"

Endlich hat Schrei im Wind ein weiteres Buch verfaßt, in dem sie beschreibt, was seither passiert ist. Lesen Sie von ihrem Leben mit ihrem Mann Don und den vier Kindern „Kleine Antilope", Schneewolke", „Verlorener Hirsch" und „Frühlingssturm" und den Herausforderungen und Abenteuern, vor die sie in ihrem turbulenten Alltag immer wieder gestellt werden.

Mit erfrischendem Humor berichtet Schrei im Wind von lustigen und absurden Erlebnissen, läßt aber den Leser auch an den dunklen Zeiten ihres Lebens und an ihren Träumen und Wünschen für die Zukunft teilhaben.

Mit vielen Fotos!

Taschenbuch, 160 Seiten, Bestell-Nr. 815 500

BEWEGENDE BIOGRAFIEN

C. W. Stafford:

LIED IM WIND

Aus dem Leben
einer Indianerin

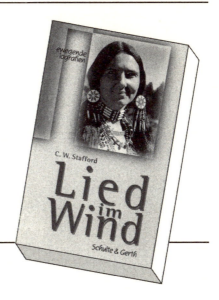

Die Fortsetzung der ungewöhnlichen Biografie von Crying Wind.

Nach ihrer Bekehrung muß sich die junge Indianerin in der neuen Welt zurechtfinden, ihre Einsamkeit überwinden und eine Aufgabe für ihr Leben finden. Doch als sie einen weißen Mann heiratet, hören die Sorgen nicht auf. Denn Crying Wind will einfach nicht an das Glück glauben – bis sie die Chance erhält, selber als Missionarin zu mexikanischen Indianern zu gehen.

Eine faszinierende Lebensgeschichte, die von Gottes unbegreiflicher Nähe in unserem Leben erzählt.

Taschenbuch, 240 Seiten, Bestell-Nr. 815 676

BEWEGENDE BIOGRAFIEN

Yoneko Tahara /
Bernard Palmer:

YONEKO

Tochter des Glücks

Yoneko bedeutet „Tochter des Glücks", und das ist die junge Japanerin auch, bis ihre Mutter stirbt und sie am Leben verzweifelt. Nach einem fehlgeschlagenen Selbstmordversuch bleibt sie mit Amputationen an Armen und Beinen noch hoffnungsloser zurück. Doch die Liebe Jesu verändert ihr Dasein von Grund auf: Yoneko bekommt neuen Lebensmut, und sie lernt mit Hilfe der heilenden Kraft Gottes, ihre Behinderung zu überwinden.

Dieser bekannte Bestseller erzählt die faszinierende Geschichte einer Frau, die entdeckt, daß gerade unsere Schwierigkeiten und Grenzen der Anlaß für Gottes befreiendes Handeln sein können.

Taschenbuch, 200 Seiten, Bestell-Nr. 815 359